中国隧道及地下工程修建关键技术及先进装备研发丛书

盾构机设备常见问题处置与案例分析

DISPOSAL OF COMMON PROBLEMS AND
CASE ANALYSIS OF SHIELD TUNNELING EQUIPMENT

黎 忠 李大伟 孙海波 等 编著

人民交通出版社
北京

内 容 提 要

本书结合盾构机设备在使用过程中经常出现的故障，从设备管理角度出发，系统介绍了盾构机基础知识、盾构机设备构造与原理、盾构机设备维保及状态监测与评估、盾构机设备常见设备故障与处置方法、盾构机设备故障智能诊断技术及展望，并总结了大量的盾构机典型设备故障案例。为了便于读者查阅，书后附有盾构机设备各系统常见故障诊断及排除方法。

全书图文并茂，深入浅出，资料翔实，参考性强。可供从事盾构施工工程相关科研、施工、管理人员参考学习，也可作为高等院校相关专业师生的教学参考用书。

图书在版编目(CIP)数据

盾构机设备常见问题处置与案例分析／黎忠等编著.
北京：人民交通出版社股份有限公司，2024.10.
ISBN 978-7-114-19686-7

Ⅰ.U455.43

中国国家版本馆 CIP 数据核字第 20241A63P7 号

Dungouji Shebei Changjian Wenti Chuzhi yu Anli Fenxi
书　　名：盾构机设备常见问题处置与案例分析
著 作 者：黎　忠　李大伟　孙海波　等
责任编辑：谢海龙　刘国坤
责任校对：赵媛媛　卢　弦
责任印制：刘高彤
出版发行：人民交通出版社
地　　址：(100011) 北京市朝阳区安定门外外馆斜街3号
网　　址：http://www.ccpcl.com.cn
销售电话：(010)85285857
总 经 销：人民交通出版社发行部
经　　销：各地新华书店
印　　刷：北京印匠彩色印刷有限公司
开　　本：720×960　1/16
印　　张：17
字　　数：303 千
版　　次：2024 年 10 月　第 1 版
印　　次：2024 年 10 月　第 1 次印刷
书　　号：ISBN 978-7-114-19686-7
定　　价：98.00 元

(有印刷、装订质量问题的图书，由本社负责调换)

编写委员会

主 任 委 员：黎　忠　　李大伟　　孙海波

副主任委员：刘道炎　　寇晓林　　刘作威　　杨露伟　　黄大为
　　　　　　杨秀兵　　王春晓　　刘雪源　　周远航　　沈桂丽
　　　　　　张宏达　　杨建权

编　　　委：毋焱磊　　宋宁亚　　陈乾坤　　左银波　　王响东
　　　　　　江　永　　石安政　　邹　飞　　王　彪　　李陶朦
　　　　　　韩星辰　　雷　鸣　　周伟强　　张佳兴　　吴壮壮
　　　　　　易定达　　马龙飞　　周希涛　　何　斌　　王祝强
　　　　　　李广旭　　强兆雄　　赵　冬　　辛书杰　　王小明
　　　　　　张鑫宇　　马承明　　苗宇天　　张　青　　彭　潇
　　　　　　石富明

前 言
Preface

  盾构机具有施工效率高、安全性能好等优势,已广泛用于地铁、铁路、公路、市政、水电等隧道工程。盾构机掘进施工的进度指标决定了项目成本的走向,而设备的完好率是影响掘进进度指标的关键因素之一,因此盾构机出现故障后能够快速处理尤为关键。

  最大限度降低盾构设备故障率主要从人员和设备管理两方面着手,盾构机维保人员要掌握机械、液压、电气传动等基础知识,了解盾构机液压系统设计的基本原理,熟悉盾构机各系统维修与保养工作,同时在盾构智能在线监测系统及故障案例经验库的辅助下,确保盾构机设备故障诊断的效率,保障盾构机施工的安全、质量和效率。由于盾构机液压、电气、流体、机械等系统的复杂性和施工环境的恶劣性,设备故障快速诊断与排除往往是一项极具挑战性的任务。本书旨在为盾构机设备故障诊断与处置提供全面、实用的解决方案,帮助现场人员准确找出发生故障的常见部位和原因,并加以排除。为使读者更好地理解和掌握盾构机设备故障诊断的相关知识,本书在编写过程中注重理论与实践相结合,分系统对盾构机常见故障诊断的原则、流程、处置方法等进行详细介绍,同时结合诸多典型设备故障案例给出了具体的实操方法,具有较强的实用性和参考价值。建议读者在阅读本书的同时,积极关注人工智能、大数据和"互联网+"等新技术在大型工程机械设备故障智能诊断领域中的应用和发展动态,结合实际案例深入思考并探索高效的设备故障诊断解决方案。

全书共分为 6 章。第 1 章介绍了盾构机基础知识,主要对盾构机的定义、分类和设备选型内容进行了具体阐述;第 2~3 章详细阐述了盾构机设备构造与原理、设备维保及状态监测与评估,重点介绍了盾构机常见机型(土压、泥水、大直径盾构机)系统构造与原理、设备日常维保与状态监测等内容;第 4~5 章详细总结了盾构机设备常见故障与处置方法,并结合盾构机典型设备系统故障案例,重点围绕设备故障现象描述、原因分析、问题处置和经验教训等方面进行了分析和总结;第 6 章对盾构机设备故障智能诊断技术进行了介绍,并结合案例说明,对未来盾构机智能诊断技术的发展进行了展望。在本书的编写过程中,参编人员参考并收集了大量的文献资料和实际案例,力求将理论与实践相结合,使读者能够更好地理解和掌握盾构机设备故障诊断技术。

由于编制水平有限,对资料的收集和发掘不深,加之时间仓促,书中不足和错漏在所难免,实际操作过程也未必妥当,敬请各位专家和读者批评指正。

作　者
2024 年 7 月

目 录 Contents

- 第1章　盾构机基础知识 ·· 001
  - 1.1　盾构机概念 ·· 001
  - 1.2　盾构机分类 ·· 003
  - 1.3　盾构机设备选型 ··· 007
- 第2章　盾构机设备构造与原理 ·· 010
  - 2.1　刀盘系统 ·· 010
  - 2.2　盾体系统 ·· 016
  - 2.3　主驱动系统 ··· 022
  - 2.4　推进/铰接系统 ··· 026
  - 2.5　管片吊装系统 ·· 028
  - 2.6　出渣系统 ·· 034
  - 2.7　注浆系统 ·· 050
  - 2.8　渣土改良系统 ·· 053
  - 2.9　油脂系统 ·· 055
  - 2.10　循环水系统 ·· 057
  - 2.11　工业空气系统 ··· 058
  - 2.12　保压系统 ··· 059
  - 2.13　通风系统 ··· 060
  - 2.14　液压系统 ··· 061

2.15 电气系统 071
2.16 气体检测系统 074
2.17 消防系统 075
2.18 人舱、材料舱、中心锥 076

第3章 盾构机设备维保及状态监测与评估 077
3.1 盾构机设备维保总体要求 077
3.2 盾构机日常维保内容 078
3.3 盾构机油液监测 094
3.4 盾构机状态监测 097
3.5 盾构机状态评估 101

第4章 盾构机设备常见故障与处置方法 102
4.1 设备故障来源 102
4.2 设备故障分类与处理方法 102
4.3 设备故障处置安全注意事项 106
4.4 设备常见故障与处置方法 108

第5章 盾构机典型故障案例分析 130
5.1 土压平衡、泥水平衡盾构机通用系统典型故障案例分析 130
5.2 土压平衡盾构机典型系统故障案例分析 212
5.3 泥水平衡盾构机典型系统故障案例分析 221

第6章 盾构机设备故障智能诊断技术及展望 230
6.1 盾构机传统故障诊断方式 230
6.2 盾构机智能故障诊断技术 231
6.3 展望 235

附录 盾构机设备常见故障诊断及排除方法 239

参考文献 261

第1章 盾构机基础知识

全断面隧道掘进机的英文全称为"Tunnel Boring Machine",简称"TBM"。在日本和我国,习惯上将用于软土地层的隧道掘进机称为盾构机,将用于岩石地层的隧道掘进机称为TBM。在欧美等国,将所有的隧道掘进机统称为TBM。本章主要根据现行国家标准,对盾构机的定义、分类和设备选型进行具体阐述,以便读者更准确地了解盾构机的相关基础知识。

1.1 盾构机概念

1.1.1 盾构机定义

根据国家标准《全断面隧道掘进机 术语和商业规格》(GB/T 34354—2017)规定:盾构机是在钢壳体保护下完成隧道掘进、出渣、管片拼装等作业,推进式前进的全断面隧道掘进机,主要由主机及后配套系统组成。

1.1.2 盾构机与TBM区别

盾构机与TBM两者区别主要有以下三个方面。
(1)开挖面稳定方式不同
盾构机设计理念主要关注如何持续平衡开挖面的压力从而保持开挖面的稳定性,并安全高效地实现排渣和控制地层沉降,从而保障施工安全顺利进行;其设备通常设计具备泥水压、土压等维护软土地层开挖面稳定的功能。而TBM设计理念主要关注如何实现高效破岩,保持高效率掘进,主要用于具有一定自稳性的岩石地层,其设备本身设计不具备泥水压、土压等维护开挖面稳定的功能,即没有主动稳定开挖面的机构,这也是 TBM 与盾构机最主要的区别,如图 1-1 所示。

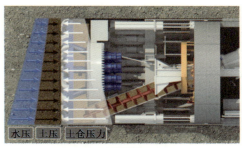 

a)盾构机　　　　　　　　　　　　b)TBM

图 1-1　盾构机与 TBM 开挖面稳定方式

(2)提供掘进推力方式不同

盾构机掘进推力通过推进液压缸作用于隧道衬砌管片产生,而 TBM 的掘进推力由刀盘与隧道围岩之间的摩擦力提供,如图 1-2 所示。

a)盾构机　　　　　　　　　　　　b)TBM

图 1-2　盾构机与 TBM 掘进反力

(3)刀盘设计形式不同

盾构机刀盘设计可双向旋转,而 TBM 刀盘一般只单向旋转,如图 1-3 所示。同时 TBM 刀盘除设计铲渣口外,刀盘上不设置其他开口(注:TBM 掘进时振动较大,对刀盘刚度和强度设计要求较高),而盾构机刀盘正面必须设计足够的开口以便顺利排渣。

第1章 盾构机基础知识

a)盾构机

b)TBM

图1-3 盾构机与TBM刀盘形式

1.2 盾构机分类

盾构机主要分为土压平衡盾构机、泥水平衡盾构机和多模式掘进机三种基本类型,分别介绍如下。

1.2.1 土压平衡盾构机

根据国家标准《全断面隧道掘进机 土压平衡盾构机》(GB/T 34651—2017)规定:土压平衡盾构机是以渣土为主要介质平衡隧道开挖面地层压力、通过螺旋输送机出渣的盾构机。常见土压平衡盾构机结构组成如图1-4所示。

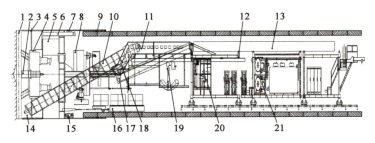

图1-4 常见土压平衡盾构机结构示意图

1-刀盘;2-中心回转接头;3-盾体;4-主驱动单元;5-人舱;6-推进液压缸;7-被动铰接密封;8-管片拼装机;9-盾尾密封;10-螺旋输送机;11-连接桥;12-后配套拖车;13-通风系统;14-土仓;15-被动铰接液压缸;16-管片输送装置;17-带式输送机;18-螺旋输送机后闸门;19-管片吊机;20-主控室;21-渣土改良系统

1.2.2 泥水平衡盾构机

根据国家标准《全断面隧道掘进机　泥水平衡盾构机》(GB/T 35019—2018)规定：土压平衡盾构机是以泥浆为主要介质平衡隧道开挖面地层压力、通过泥浆输送系统出渣的盾构机。常见泥水平衡盾构机结构组成如图1-5所示。

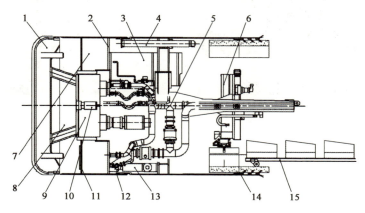

图1-5　常见泥水平衡盾构机结构示意图
1-刀盘；2-盾体；3-人舱；4-推进液压缸；5-泥浆循环系统；6-管片拼装机；7-气垫仓；8-泥水仓；9-主驱动单元；10-中心回转接头；11-泥浆门；12-主动铰接密封；13-主动铰接液压缸；14-盾尾密封；15-管片输送装置

泥浆循环系统是用于泥水平衡盾构机，为泥水仓输送泥浆并通过管路排出渣土，参与开挖面压力平衡控制的系统，主要由泵、阀、传感器、管道及延伸装置等组成，如图1-6所示。

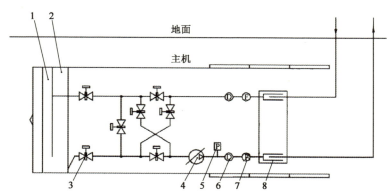

图1-6　泥浆循环系统原理示意图
1-泥水仓；2-气垫仓；3-泥浆阀；4-泥浆泵；5-压力传感器；6-密度计；7-流量计；8-泥浆管路延伸装置

1.2.3 多模式掘进机

1)定义

多模式掘进机是可进行平衡模式或出渣模式转换的掘进机。

2)分类

多模式掘进机常见有土压平衡-泥水平衡双模式掘进机、单护盾-土压平衡双模式掘进机等基本类型,分别介绍如下。

(1)土压平衡-泥水平衡双模式掘进机

根据国家标准《全断面隧道掘进机　土压平衡-泥水平衡双模式掘进机》(GB/T 41053—2021)规定:土压平衡-泥水平衡双模式掘进机是可实现土压平衡模式或泥水平衡模式掘进施工,并可实现在隧道内两种模式相互转换的全断面隧道掘进机。常见的间接控制型土压平衡-泥水平衡双模式掘进机结构如图1-7所示。

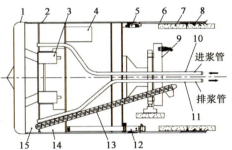

图1-7　土压平衡-泥水平衡双模式掘进机结构示意图

1-刀盘;2-前盾;3-主驱动单元;4-人舱;5-被动铰接液压缸;6-盾尾;7-管片;8-盾尾密封;9-管片拼装机;10-进浆管;11-排浆管;12-推进液压缸;13-螺旋输送机;14-气垫仓;15-开挖仓

(2)单护盾-土压平衡双模式掘进机

根据国家标准《全断面隧道掘进机　单护盾-土压平衡双模式掘进机》(GB/T 35020—2018)规定,单护盾-土压平衡双模式掘进机是在隧道内可实现单护盾掘进模式和土压平衡掘进模式转换的全断面隧道掘进机,如图1-8所示。

单护盾-土压平衡双模式掘进机土压平衡模式主机结构如图1-9所示,单护盾掘进模式主机结构如图1-10所示。

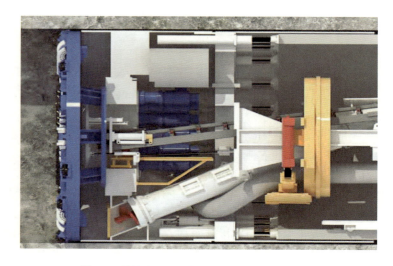

图1-8 单护盾-土压平衡双模式掘进机结构三维图

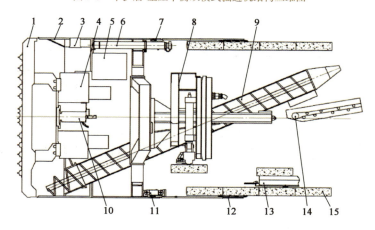

图1-9 土压平衡掘进模式主机结构示意图

1-刀盘；2-盾体；3-稳定器；4-主驱动单元；5-人舱；6-推进液压缸；7-被动交接密封；8-管片拼装机；9-螺旋输送机；10-中心回转接头；11-被动铰接液压缸；12-盾尾密封；13-管片运输小车；14-后配套带式输送机；15-管片

3）模式转换

多模式掘进机模式转换时需在相对稳定的合适地层条件下进行，并提前制定模式转化技术方案，配备所需的工具和辅助施工设备。

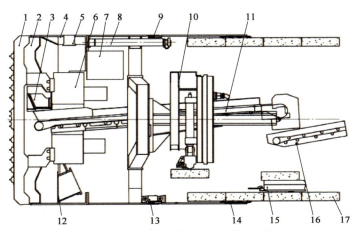

图 1-10 单护盾掘进模式主机结构示意图

1-刀盘;2-铲斗;3-溜渣槽;4-盾体;5-稳定器;6-主驱动单元;7-人舱;8-推进液压缸;9-铰接密封;10-管片拼装机;11-主机带式输送机;12-前闸门;13-被动铰接液压缸;14-盾尾密封;15-管片运输小车;16-后配套带式输送机;17-管片

1.3 盾构机设备选型

1.3.1 设备选型经验

无论是土压平衡盾构机还是泥水平衡盾构机,在其适宜的地层里均能发挥其应有的功效。土压平衡盾构机优势是出渣能力强、土仓压力平衡直观、设备和操作相对简单;缺点是对高水压适应能力差,很难保持不稳定开挖面的稳定和防止渗透性强的地层中水的流失。泥水平衡盾构机在控制地层沉降和防止地层中水的流失方面具有比土压平衡盾构机较明显的优势,可以在高水压、高渗透性地层工作;缺点是在黏土地层容易结泥饼、易堵塞,细颗粒难分离(弃浆会引起环保问题),在有大量粒径的卵石地层中容易滞排,易受泥浆环流系统的限制而发生堵管、卡泵。两种基本类型盾构机适应性情况对比见表1-1。

土压、泥水平衡盾构机适应性对比 表1-1

序号	项目	泥水平衡盾构机特点描述	土压平衡盾构机特点描述
1	刀盘扭矩	在掘进时泥水仓充满泥浆,刀盘在转动时摩擦力小,扭矩较小。因此,泥水平衡盾构更适合大开挖断面盾构的施工	在掘进时土仓充满渣土,即使有改良剂改良,渣土与刀盘的摩擦力仍很大,造成刀盘扭矩大

续上表

序号	项目	泥水平衡盾构机特点描述	土压平衡盾构机特点描述
2	承压能力	靠泥水在开挖面形成的泥膜和泥水压力抵抗水压,承压能力较强	靠土仓压力及改良后的泥土不透水性抵抗水压,承压能力较低,高水压时需考虑配置两级螺旋输送机
3	刀盘及刀具寿命	切削面及土仓中充满泥水,对刀具、刀盘起到一定的润滑作用,刀具使用寿命长,刀盘磨损小	刀盘与开挖面的摩擦力大,刀具及刀盘的磨损大
4	盾构推力	由于泥浆的作用,土层对盾壳的阻力小,盾构推进力相对较小	土层对盾壳的阻力大,盾构推进力相对较大
5	出渣通畅性	泥浆管道输送,输送速度快且连续,有大块掉落时存在一定堵仓滞排概率	采用螺旋输送机出渣,不易造成仓内堵塞
6	沉降控制及对周边影响	开挖面压力控制精度高,对开挖面周边土体的干扰小	压力控制精度一般,对开挖面周边土体的干扰较大
7	施工场地	需要较大规模的泥水处理设备和场地,造价相对较高	使用场地较泥水平衡盾构机小,造价相对较低

1.3.2 设备选型要求

盾构设备主要参数及其设计配置要求见表1-2。

盾构机设备主要参数设计要求一览表　　　　表1-2

序号	参数名称	单位	设计配置要求
1	整机工作压力	bar	大于盾构隧道区间的最大地下水土压力
2	整机总长	m	根据设备功能需要进行设计
3	刀盘开挖直径	mm	满足隧道结构尺寸、掘进转弯调向需求
4	刀盘开口率	%	满足刀盘结构强度/刚度、承载能力、刀具配置的前提下尽量做大
5	主轴承直径	mm	结合刀盘直径、主轴承载荷谱(推力、扭矩、倾覆力矩及其工况占比)进行设计
6	主轴承寿命	h	大于盾构掘进施工时间
7	主驱动密封压力	bar	满足盾构隧道掘进施工最大承压能力要求
8	驱动功率	kW	满足盾构掘进最大刀盘扭矩、脱困扭矩、刀盘转速需求
9	额定扭矩	kN·m	大于盾构掘进最大扭矩需求

续上表

序号	参数名称	单位	设计配置要求
10	脱困扭矩	kN·m	满足刀盘脱困情况下的最大扭矩需求
11	刀盘转速	r/min	满足掘进参数最大刀盘转速需求
12	盾尾密封压力	bar	满足盾构隧道掘进施工最大承压能力要求
13	最大总推力	kN	大于盾构掘进最大推力需求
14	最大推进速度	mm/min	满足盾构掘进进度指标需求
15	最小转弯半径	m	满足隧道区间最小转弯半径需求
16	同步注浆系统	m³/h	在盾构最大掘进速度情况下,满足同步注浆需求
17	泥浆循环系统	m³/h	满足泥水平衡盾构机在最大掘进速度下环流出渣需求
18	通风系统	m³/h	满足盾构掘进施工最大通风风量需求
19	变压器容量	kVA	满足盾构掘进状态运行下所有用电设备有功功率之和

注:1bar=0.1MPa。

第2章 盾构机设备构造与原理

盾构机是集机械、电气、液压、流体、传感、信息等多项现代技术于一体的高科技大型复杂隧道施工装备,理解和掌握盾构机各系统构造与原理是做好盾构施工过程中维保及设备故障排除工作的前提与基础。本章主要对常规土压、泥水平衡盾构机及大直径盾构机各子系统关键部件构造组成、工作原理进行阐述。

2.1 刀盘系统

2.1.1 刀盘

盾构机刀盘是设置在盾构机的前端,通过旋转对地层进行全断面开挖的主体结构和刀具的总称。

1)主体结构

刀盘通常分为普通刀盘和常压刀盘,两种类型刀盘对比如图 2-1 所示。刀盘主体结构由辐条、面板、侧板、筋板、外缘板、后盖板、耐磨合金条和支撑梁等焊接成为盘形结构且带有开阔的进料口,整体性强,具有足够的刚度和强度用于支撑开挖面和承受掘进中的推力及扭矩,具有开挖、稳定掌子面及搅拌渣土三大功能。

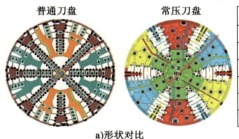

对比	普通刀盘	常压刀盘
换刀	较难	好
磨损	较少	较多
破岩	好	较差,可用
滞排	可能出现	可能出现
堵仓	可能性小	可能性较大
泥饼	可能性较小	可能性较大

a)形状对比   b)性能对比

图 2-1 普通刀盘与常压刀盘对比

(1) 常压刀盘

常压刀盘又分为软土地层常压刀盘和复合地层常压刀盘两种类型,前者主要安装常压刮刀切削渣土,后者主要安装常压滚刀进行破岩,两种类型刀盘对比如图 2-2 所示。常压刀盘结构为组合式设计,分别为中心块、主梁边块和辅梁,主梁上部分滚刀和刮刀可以在常压环境下更换,同时刀盘内部集成设计了刀具更换液压缸固定装置、刀具运输系统、冲刷管路、爬梯、可拆卸作业平台等,保证了刀盘主梁内部常压更换刀具的安全和快捷性,如图 2-3 所示。

a) 软土地层常压刀盘

b) 复合地层常压刀盘

图 2-2 软土地层与复合地层常压刀盘

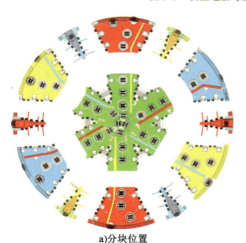
a) 分块位置

b) 分块组装

图 2-3 常压刀盘分块式设计

（2）普通刀盘

普通刀盘结构又分辐条式和面板式两种，具体应用根据施工、地质条件等综合因素决定。

①对于面板式刀盘，开挖时渣土流经刀盘面板开口进入土仓时，开挖面的土压力与土仓内的土压力之间会产生压力降，且压力降的大小受刀盘面板开口大小的影响不易确定，导致开挖面的土压力不易控制；同时面板式刀盘与开挖面之间接触面积大，掘进时刀盘容易形成泥饼，但作业人员中途换刀时相对安全可靠。面板式刀盘如图 2-4 所示。

②对于辐条式刀盘，开挖面切削下来的土体直接进入土仓，没有明显的压力损失，开挖面土压力相对容易控制；同时辐条式刀盘与开挖面之间接触面积小，掘进时刀盘不容易形成泥饼，但中途换刀安全性较差，一般需要辅助加固土体；辐条式刀盘对砂、土等单一软土地层的适应性比面板式刀盘较强，但由于其不能安装滚刀，在面对风化岩及软硬不均地层或硬岩地层时，不宜采用辐条式刀盘，宜采用面板式刀盘。辐条式刀盘如图 2-5 所示。

 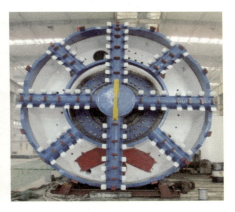

图 2-4　面板式刀盘　　　　　　　图 2-5　辐条式刀盘

2）刀盘开口率

盾构机刀盘开口率是刀盘进渣口投影面积占刀盘开挖面积的百分比，需根据地质条件、开挖面的稳定性和挖掘效率来决定其形状、尺寸、配置。对于黏性土之类的高黏附性土质，宜加大开口率；对于易坍塌性围岩，开口率需慎重选择；刀盘开口位置应尽量靠近刀盘中心，以防止渣土在刀盘的中心部位流动不畅而形成泥饼；同时，由于刀盘中心部位的线速度较低，黏土、粉土、膨润土等黏稠土体在中心部位的流动性较差，黏性土容易在中心部位沉积，因此应适当加大中心部位开口率。

对于常压刀盘,其刀盘厚度、面板宽度较大,开口率较小,特别是中心区域较大直径范围内无开口(即开口率为零),导致刀盘中心区域渣土流动性差,需要针对性配置刀盘中心冲洗系统,喷口方向为刀盘径向,避免对掌子面泥膜造成破坏,同时加强对刀盘中心冲洗能力,可有效防止刀盘中心结泥饼,如图2-6所示。

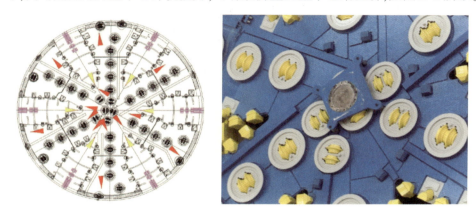

图2-6 常压刀盘中心区域位置冲洗设计

3)刀盘耐磨设计

刀盘面板通常采用耐磨复合钢板全覆盖设计,刀盘外圈梁采用全环合金耐磨块设计,可有效提高刀盘整体耐磨性能,普通刀盘与常压刀盘主体结构耐磨设计如图2-7所示。针对常规复合盾构机及大直径盾构机,其刀盘面板、大圆环位置还会设置磨损检测带,可对刀盘本体实际磨损情况进行有效检测,如图2-8所示。

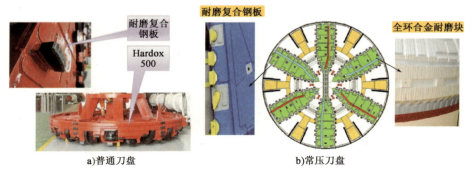

图2-7 普通刀盘与常压刀盘主体结构耐磨设计

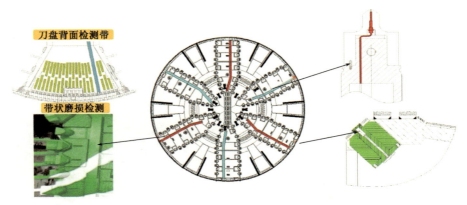

图 2-8 刀盘主体结构磨损检测带

2.1.2 刀具

盾构机刀具可根据运动方式、布置位置和方式及形状等进行分类。按切削原理划分,一般分为切削类刀具和滚刀两种,其余形式的刀具为辅助刀具(如超挖刀、保径刀)。切削类刀具又分为齿刀、边刮刀和先行刀(如撕裂刀、鱼尾刀)等。软土刀盘、复合刀盘刀具配置如图 2-9 所示。针对不同地层的开挖,盾构机的刀具通常采用不同形式:地层为硬岩时,一般采用盘形滚刀破岩;地层为砂、黏土等单一软土或破碎软岩时,可采用切削类刀具;地层为软硬不均等复合地层时,一般采用破岩滚刀及切削类刀具组合使用。

a)软土刀盘

b)复合刀盘

图 2-9 软土刀盘、复合刀盘刀具配置

对于常压刀盘,常见刀具类型有常压滚刀、常压刮刀、常规滚刀和边刮刀等,如图 2-10 所示。

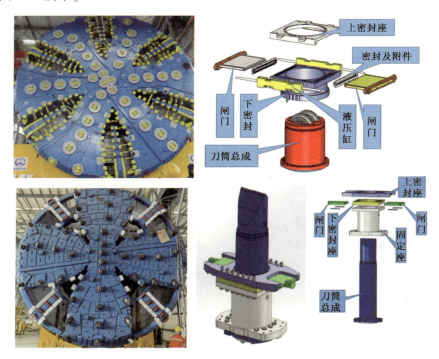

图 2-10　常压刀盘常压滚刀和常压刮刀

对于常压刀盘,一般还设计有刀具在线监测系统,能够对刀具运行状态进行实时监测,并同时监测常压滚刀旋转、磨损、温度三个参数以及刮刀/撕裂刀的磨损/温度两个参数,主要以数据列表和图形的方式呈现,如图 2-11 所示。

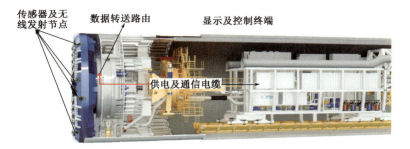

图 2-11　常压刀盘滚刀在线监测系统

2.1.3 中心回转接头

盾构机中心回转接头是将渣土改良添加剂、液压油、高压水、电信号等从固定位置输送到旋转刀盘上的装置,可将渣土改良用的泡沫、膨润土或水送到刀盘前面的喷口;中心回转接头主要分为回转部分(转子)与固定部分(定子),定子通过法兰连接在盾构机刀盘中心法兰面上。普通刀盘盾构机、常压刀盘盾构机中心回转接头分别如图2-12和图2-13所示。

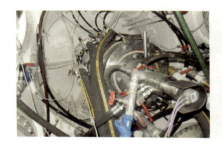 

图2-12 普通刀盘中心回转接头

 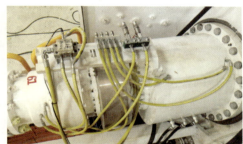

图2-13 常压刀盘中心回转接头

2.2 盾体系统

盾体是盾构机中用于保护设备及人员安全的周边壳体,设置盾构外壳的目的是保护掘削、排土、推进等所有作业设备装置的安全,故整个外壳用钢板制作,并用环形梁加固支承。一般情况下,7m级以下小直径盾构机盾体采用整体式设计,9m级以上大直径盾构机盾体采用分块式设计,如图2-14所示。

a) 整体式　　　　　　　　　　　　b) 分块式

图 2-14　盾体整体式与分块式设计

2.2.1　前盾

前盾是盾体的前段,为刀盘、主驱动单元提供支承座,由壳体、隔板、主驱动连接座、螺旋输送机连接座、连接法兰焊接而成;其位于盾构机的最前端,切口部分装有掘削机械和挡土机械,起开挖和挡土作用,施工时最先切入地层并掩护开挖作业,如图 2-15 所示。

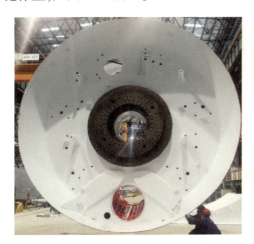 

图 2-15　前盾

泥水平衡盾构机前盾设置有气垫仓,由泥水和空气双重回路组成,上半部为带压气体,下半部为泥水。泥水仓压力通过气垫仓气压来调节,以保证开挖面上相应的支护压力,如图 2-16 所示。

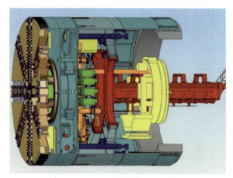 

a) 纵剖面　　　　　　　　　　b) 横断面

图 2-16　气垫仓

2.2.2　中盾

中盾是盾体的中段,需要支承盾构的全部荷载,在前、后方均设有环形肋板和纵向加强筋来支承其全部荷载;其上设有安装推进液压缸的圆孔,是具有良好刚性的圆形结构;地层压力、推进液压缸的反作用力以及切口入土正面阻力、衬砌拼装时的施工荷载均由支承环来承受;在中盾壳体外布置有膨润土润滑注入孔,配置独立的膨润土注入系统,用于在不良地层中减少盾体摩擦。

按照盾体铰接形式不同,分为被动铰接与主动铰接,主要区别为连接形式和推进力传递不同,具体介绍如下。

1) 被动铰接

(1) 连接形式

在被动铰接形式设计情况下,中盾与前盾之间为法兰螺栓连接,中盾与盾尾之间为铰接密封配合,并通过被动铰接液压缸进行连接,如图 2-17 所示。

图 2-17　被动铰接盾体

(2)推力传递

被动铰接的推进液压缸安装在中盾米字梁上,推进液压缸的顶推力由管片直接作用在中盾前法兰面上,中盾通过铰接液压缸拖动盾尾前进,如图2-18所示。通过调整分区推进液压缸,形成铰接液压缸行程差来实现盾构机转弯。

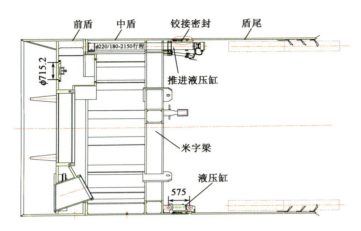

图2-18 被动铰接的推进液压缸安装位置(尺寸单位:mm)

(3)被动铰接密封

被动铰接密封位于中盾与盾尾之间,目前主流设计为两道密封,均由紧急气囊与橡胶密封配合组成,如图2-19所示。正常情况下,橡胶密封起作用;在异常情况下或橡胶密封需要更换时,使用紧急气囊密封。在密封环端部设置压紧块,在压紧块和橡胶密封之间设置挡条,在端部利用调节螺栓使挡条压紧橡胶密封;压紧的程度可拧动螺栓进

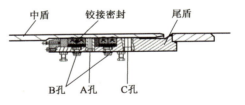

图2-19 被动铰接密封形式

行调整。铰接部位设有A、B、C三种注入孔:A孔用于向铰接密封加注油脂,防止铰接密封渗透泄漏;B孔使用气囊式密封时,从B孔向气囊注入工业气体;C孔在紧急情况下用于加注聚氨酯进行封堵。

2)主动铰接

(1)连接形式

在主动铰接形式设计下,中盾前部与前盾之间为法兰螺栓连接;中盾前部与

中盾后部之间为铰接密封配合,并通过主动铰接液压缸进行连接;中盾后部与盾尾之间为法兰螺栓连接,如图 2-20 所示。

a)
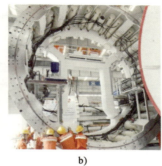
b)

c)

图 2-20　主动铰接盾体

（2）推力传递

主动铰接的推进液压缸固定在中盾后部米字梁上,推进液压缸顶推力由管片直接作用在中盾后部米字梁上,再通过主动铰接液压缸将顶推力作用到中盾前部,如图 2-21 所示；主动铰接形式下铰接液压缸的推拉力、盾体折弯角度远大于被动铰接形式,可应对极小半径转弯掘进施工。

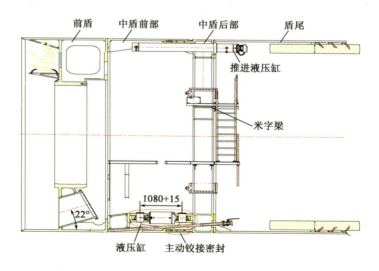

图 2-21　主动铰接的推进液压缸安装位置(尺寸单位:mm)

（3）主动铰接密封

主动铰接密封位于中盾前部与中盾后部之间,目前主流设计为两道密封,均为聚氨酯指形密封。铰接部位设有 A、B、C 三种注入孔：A 孔用于手动加注油脂；B 孔用于自动加注油脂；C 孔在紧急情况下用于加注聚氨酯起到密封作用,沿圆周均匀分布,如图 2-22 所示。

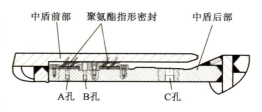

图 2-22　主动铰接密封

2.2.3　盾尾

1）结构形式

盾尾是盾体的后段,由壳体、注浆管、油脂管和膨润土管及盾尾连接法兰组成,同时也是管片衬砌安装的地方,如图 2-23 所示。

图 2-23　被动与主动铰接盾尾

2）盾尾密封

盾尾密封是管片与盾尾之间空隙的密封装置,主要包括密封刷(螺栓、焊接固定方式)和盾尾密封油脂。密封刷内充满了油脂,使其成为一个既有塑性又有弹性的整体,同时油脂也能保护密封刷免于生锈损坏,防止隧道地下水及注浆材料漏进盾体内部,在土压平衡状态时还有保持压力的作用。随着盾构机的推进,盾尾油脂持续地注入每道盾尾密封刷和管片外周边所形成的空腔内,始终保持管片外周边与盾壳之间的间隙密封良好,可保证在一定压力下盾尾不会出现渗漏水和渗漏泥浆,如图 2-24 所示。

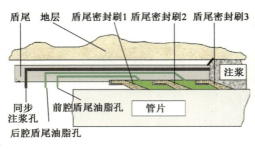 

a) 结构示意图　　　　　　　　　　　　　b) 实物

图 2-24　盾尾密封

2.3　主驱动系统

2.3.1　主驱动组成

主驱动系统是驱动刀盘旋转或以其他方式运动的装置，通过高强度螺栓连接固定在前盾上或通过配合球铰、伸缩机构以实现主驱动摆动、伸缩功能（一般最大伸缩位移 400mm、最大摆动角度 ±1.2°）。主驱动系统为刀盘提供反扭矩，其传动路线为：电机或液压马达→三级减速机→驱动小齿轮→主轴承（含大齿圈）→刀盘。常规盾构机与大直径盾构机主驱动系统组成如图 2-25 所示。

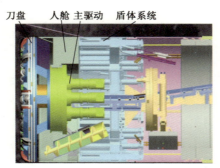 

a) 常规盾构机

图 2-25

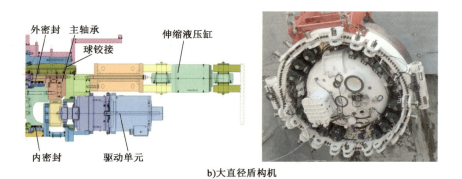

b) 大直径盾构机

图 2-25 常规盾构机与大直径盾构机主驱动单元组成

2.3.2 主驱动类型

目前盾构机常用的刀盘驱动机构主要有变频电机、一般电机和液压驱动三种,其工作性能比较见表 2-1。

盾构机常见主驱动方式性能对比表　　　　表 2-1

驱动形式	变频电机驱动	一般电机驱动	液压驱动
驱动部分外形尺寸	中	大	小
后续设备	少	少	较多
效率	0.95	0.9	0.65
启动力矩	大	较小	较大
启动冲击	小	大	较小
转速微调控制	好	不能无级调速	好
噪声	小	小	大
盾构温度	低	较低	较高
维护保养	易	易	较复杂

2.3.3 主轴承

主轴承是主驱动单元中用于支撑刀盘旋转并传递掘进推力的滚动轴承,由滚子(含主推力滚子、径向滚子和反推力滚子)、保持架、内圈(含大齿圈)和外圈等部分组成,能同时承受轴向、径向荷载及倾覆力矩,如图2-26所示。主轴承是主驱动单元的关键部件,在施工中要求具备高可靠性,主轴承设计寿命必须要满足目标工程荷载实际需求。

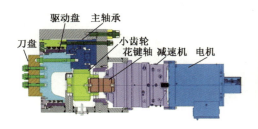 

图2-26 主轴承

2.3.4 主驱动密封系统

主驱动密封系统包括外密封系统和内密封系统。外密封系统负责主驱动齿轮箱内部油液以及土仓内渣土、水的密封,内密封系统用于主驱动齿轮箱内部油液及防止外部灰尘进入主驱动齿轮箱,如图2-27所示。

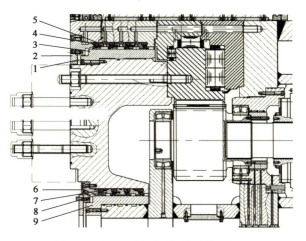

图2-27 主轴承内外密封系统安装示意图

1-机械迷宫密封;2-外密封压环;3-外密封跑道;4-唇形密封;5-外密封隔环;6-内密封压环;7-唇形密封;8-内密封隔环;9-内密封跑道

1)外密封系统

常见的外密封共4道,设计为唇形密封,前3道密封唇口朝前,最后一道密封唇口朝后；其中第 1 道密封前的迷宫环提供 HBW 密封油脂，通过周边分布的孔道注入，用以抵抗地下水的压力，将泥水和渣土阻挡在第 1 道外密封外部，是外密封系统最重要的防线；第 1、2 道密封之间提供 EP2 润滑油脂，通过周边分布的孔道来注入，主要起润滑和阻挡 HBW 油脂进入的作用；第 2、3 道密封之间提供齿轮润滑油，通过周边分布的孔道注入，本密封腔室外接有齿轮油保压罐机构，在需要建立背压时启动该装置；第 3、4 道密封之间为泄漏检测腔，通过沿周边分布的检查孔道外接隧道常压下的一个泄漏搜集箱或透明胶管，从而对泄漏情况进行监测，如图 2-28 所示。

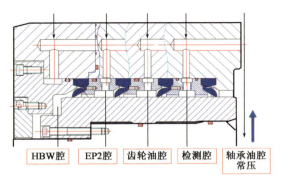

图 2-28　主轴承外密封

2）内密封系统

常见内密封是由多道唇形密封和一个迷宫密封，从而形成多个分割区域，通常情况下为常压密封，密封的润滑在日常维护时集中以半自动方式进行，如图 2-29 所示。

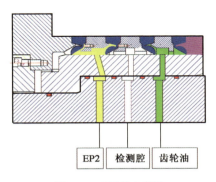

图 2-29　主轴承内密封

3)注意事项

一般单道唇形密封最大动压差为 3bar(1bar = 0.1MPa),当开挖仓水土压力大于 3bar 时,需要对主轴承内、外密封各腔室建立背压,以平衡每道唇形密封的受力状态,保证密封效果,具体建压数值按照盾构机制造商设计要求执行。

2.3.5 主驱动润滑系统

主驱动润滑系统是用于主轴承、大齿圈、主驱动小齿轮及其轴承润滑的系统,由油箱、泵、管线、阀、传感器等组成,采用油浴润滑加循环喷淋系统,并设置过滤机冷却装置;为了进行控制,还安装了液位、流量和温度的控制装置,如图 2-30 所示。

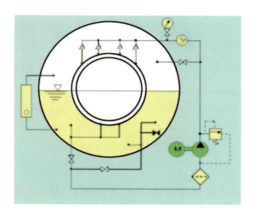

图 2-30 主驱动润滑系统原理图

2.4 推进/铰接系统

2.4.1 推进系统

推进系统是盾构机前进的驱动系统,主要由推进液压缸、阀组、泵站、行程测量装置等组成;其中推进液压缸沿盾构机中盾壳体内侧均匀分布,液压缸的布置在设计时考虑了避开管片接缝,封顶块(K 块)在管片圆周的正常衬砌位置不会发生推进液压缸靴板同时压在两块管片之间接缝上的情况,如图 2-31 所示。

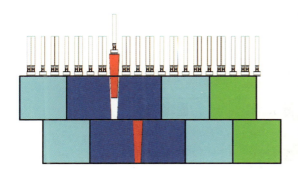

图 2-31 推进系统液压缸布置

由于地层变化频繁、软硬交错,盾构机经常通过软硬不均地层,造成刀盘受力不均,从而使盾构机姿态产生偏转、抬头、低头的现象,导致盾构的掘进轴线与隧道设计轴线发生偏离;为了纠正盾构机姿态,将推进液压缸分组,每组推进液压缸分别安装行程传感器,盾构主司机可以单独调整每组推进液压缸的推进压力和所有液压缸的推进流量,这样就可以实现盾构机左转、右转、抬头、低头或直行,如图 2-32 所示。

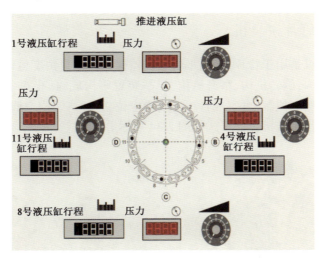

图 2-32 推进系统液压缸分区控制

2.4.2 铰接系统

盾构机在曲线段掘进时,铰接液压缸具有较大的调节能力,在圆周方向不同位置布置有铰接液压缸,通过设置行程传感器和压力传感器可对铰接系统压力、位移实时监测,如图 2-33 所示。

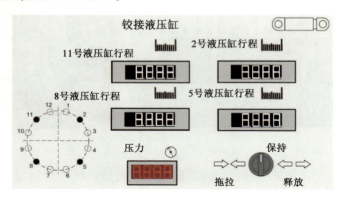

图 2-33　铰接系统液压缸控制

2.5　管片吊装系统

2.5.1　管片拼装机

管片拼装机是用于管片抓取、平移、旋转、提升多个自由度运动的机械装置,主要由平移机构、旋转机构、举升机构、抓举装置等构成,具有 6 个自由度,各液压动作采用比例阀控制,可实现管片的精确定位,管片拼装机一般用无线遥控器控制。常见管片拼装机设计形式如图 2-34 所示。

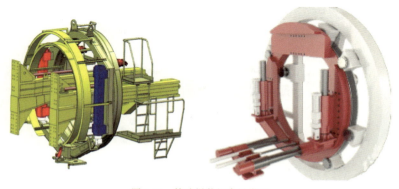

图 2-34　管片拼装机常见类型

1）平移机构

管片拼装机的行走梁通过法兰与中盾的 H 梁（米字梁）连接，盾构机与拖车之间的所有管线连接均通过管片拼装机敞开的中心部位，行走梁与设备桥之间用液压缸铰接；平移机构通过两组滚轮安装在行走梁上，可通过两个平移液压缸沿盾构轴线方向移动，实现平移动作，如图 2-35 所示。

图 2-35　管片拼装机平移机构

2）回转机构

回转机架通过法兰与回转支撑的内齿圈连接，随平移机构一起平移，同时液压马达通过齿轮传动，使回转机架同回转支撑内齿圈一起实现回转动作，回转机构安装有限位开关和角度编码器，确保双向旋转时不超限，如图 2-36 所示。

图 2-36　管片拼装机回转机构

3）举升机构

举升机构由两个独立的液压缸通过法兰与回转机构连接，液压缸的升缩杆和管片抓举装置铰接，能实现升降功能，如图 2-37 所示。

图 2-37　管片拼装机举升机构

4）抓举装置

管片抓举装置一般分为机械抓举式和真空吸盘抓举式。通常开挖直径小于 7m 的盾构机采取机械抓举装置，开挖直径大于 7m 则采用真空吸盘抓举装置。

机械抓举装置抓举头通过关节轴承安装在举重钳上，抓举头抓持系统为机械式抓举，通过位移和压力双重检测，确保抓持可靠，同时还具有连锁功能；抓举头上的两个小液压缸能实现抓举头的俯仰和偏转动作，如图 2-38 所示。

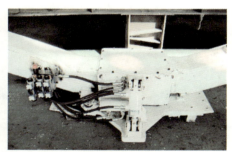

图 2-38　管片拼装机机械式抓举装置

真空吸盘抓举装置使用真空吸盘吸取管片，在正常工作状态真空度为 95% ~ 98%；即使真空度低至 80%，其产生的吸取力仍然大于要求设计的安全系数，甚至所有设备单元均出现故障，真空吸盘也可以把持住管片 30min 以上，主要取决于吸盘密封的状况；抓举盘的中心有抗剪销，它们可以吸收放置管片时产生的剪切力以防止真空失效，如图 2-39 所示。

图 2-39　管片拼装机真空吸盘抓举装置

2.5.2　管片输送装置

管片输送装置位于连接桥下方,可储存管片,并可步进式前移管片的装置,将由管片吊机卸下的管片转运到管片拼装机抓取范围内,如图 2-40 所示。

图 2-40　盾构机管片输送装置

2.5.3　管片吊机

1)管片吊运系统(常规盾构机)

管片吊机是将管片吊运至管片输送装置或管片拼装机下方的设备。按轨梁形式不同分为单梁式和双梁式;按行走形式不同分为齿轮齿条式、链轮链条式和摩擦轮式;按照起吊机构不同分为葫芦提升式和卷扬牵引式;管片吊机吊取机构分为机械式和真空吸盘式,常规盾构机管片吊机如图2-41所示。

图2-41　常规盾构机管片吊机

2)管片吊运系统(大直径盾构机)

(1)双管片吊机

双管片吊机采用双梁齿轮齿条驱动式,其主要作用是将管片从胶轮运输车上卸载后,同时将两片管片吊运至指定落料区(单管片吊机工作区范围内),如图2-42所示。吊机前端配置有物料葫芦,负责刀具和后部轨排的吊运。

图2-42　大直径盾构机双管片吊机

(2)单管片吊机

单管片吊机采用双梁齿轮齿条驱动式,其主要作用是将管片吊运至管片输送装置上,单管片吊机吊具具有±90°旋转功能,如图2-43所示。单管片吊机前端配置有单独的物料葫芦兼具1号拖车尾部油脂桶及1号拖车其他物料的吊运功能。

图 2-43　大直径盾构机单管片吊机

2.5.4　箱涵件吊机

箱涵件吊机和双管片吊机采用串式同轨道布置,其主要作用是将箱涵件从胶轮运输车上卸下,吊运至拼装区域进行拼装,吊机具有 ±90° 旋转功能,如图 2-44 所示。箱涵吊机前端配置有单独的物料葫芦,负责相关物料的吊运。

图 2-44　大直径盾构机箱涵件吊机

2.5.5　弧形件(口字件)吊机

为解决传统盾构隧道弧形件(口字件)在拼装施工中存在的拼装工艺不先进、拼装精度差、装备智能化程度低、施工进度慢等技术难题,通过引进装备设计和智能化控制理念,采用弧形构件内部穿行式设计思路,结合毫米级负载敏感液压系统和亚毫米级位姿测量系统,研制出一台可实现弧形件一键智能化拼装的穿行式弧形件智能拼装机。安装机通过智能化控制技术,实现了一键式操作,其工作性能稳定可靠,可实现运行状态、控制方式、传感器数据、液压缸行程数据、通信状态等参数的记录与储存,实现人机交互,如图 2-45 所示。

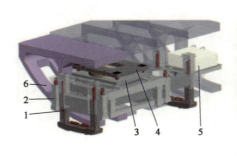

a)三维设计图 　　　　　　　　　　　　b)实物图

图 2-45　弧形件智能拼装机设计及实物图
1-主机架;2-副机架;3-横移平台;4-旋转平台;5-液压泵站;6-弧形件(待拼装)

2.6　出　渣　系　统

2.6.1　螺旋输送机(土压平衡盾构机)

1)功能

螺旋输送机是采用螺旋叶片将渣土从土仓向后方输送的装置。主要功能包括:从土仓内将刀盘切削下来的渣土向外连续排出;渣土通过螺旋叶片输送压缩形成密封土塞,阻止渣土中的水流出,保持土仓内水土压力稳定;通过改变螺旋输送机转速来调节排土量,即调节土仓内水土压力,使其与开挖面水、土压力保持动态平衡,确保土压平衡盾构机能够正常保压并向前掘进(注:由于螺旋输送机自身结构限制,特别是高水压条件渣土易被稀释时,难以形成土塞效应),如图 2-46 所示。

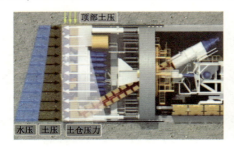

图 2-46　土压平衡盾构机螺旋输送机

2)类型

(1)按照螺旋叶片构造形式分类

按照螺旋输送机螺旋叶片构造形式的不同,分为轴式螺旋输送机和带式螺旋输送机,如图2-47所示。其中轴式螺旋输送机的止水性能较好,容易形成土塞效应,通常用于富水砂层及黏土等地层;缺点是对排出的砾石大小有限制,一般可排出砾石的最大直径为螺杆直径的0.7倍。带式螺旋输送机能排出的砾石粒径较大,但其止水性能较差,通常用于含水量小、粒径较大的砂卵石等地层。

a)轴式　　　　　　　　　　　　b)带式

图2-47　螺旋输送机(轴式、带式)

(2)按照驱动方式分类

按照螺旋输送机驱动方式的不同,分为中间周边驱动、尾部周边驱动和尾部中心驱动三种方式,如图2-48所示。三种驱动方式特点介绍如下:

①中间周边驱动。可预留接口,在驱动扭矩不足时便于增加液压马达,出渣口可以在底部,也可以在端部;缺点是中间驱动环部分有渣土直接经过,易导致驱动环磨损,从而造成驱动箱损坏;此外,中间驱动环采用的是滑动轴承(即铜套),在实际工况中不仅要承受部分径向力,还要承受相应的弯矩,受力状态存在一定缺陷。

②尾部周边驱动。可预留接口,在驱动扭矩不足时便于增加液压马达,出渣口只能设置在底部;尾部周边驱动采用两个圆锥滚子调心轴承背对背布置,既能承受径向力又能承受较大的轴向力,受力状态较好,减速机与螺旋轴通过合金钢轴连接实现扭矩传递。

③尾部中心驱动。采用两个圆锥滚子调心轴承背对背布置,这样既能承受径向力又能承受较大的轴向力,可允许螺旋轴在一定摆角内摆动,且其结构紧凑,便于相邻部件的布置,目前普遍采用此种驱动方式。

a)中间周边驱动　　　　　　b)尾部周边驱动　　　　　　c)尾部中心驱动

图 2-48　螺旋输送机三种驱动方式

3）构造组成

螺旋输送机由前闸门、螺旋叶片（含轴）、筒体（含检修窗口）、后闸门、伸缩机构、驱动装置及渣土改良添加剂入口组成，如图 2-49 所示。

图 2-49　螺旋输送机总成

正常掘进时，螺旋输送机前端是伸入土仓一定距离的，在紧急情况下需要封闭土仓时，必须先通过螺旋输送机的伸缩节将螺旋输送机前端全部缩回筒体内，然后才能关闭前闸门，如图 2-50 所示。

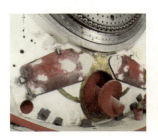  

图 2-50　螺旋输送机前闸门和伸缩机构

通过调节螺旋输送机后闸门开启度大小，可控制出渣量。针对富水地层，后闸门常设计为上、下双闸门结构，在掘进时可交替关闭双闸门来限制出渣，可有效控制喷涌现象；此外，后闸门还具有紧急自动关闭功能，即当盾构机突然断电时,后闸门液压缸在系统储能器作用下,发生液压动作关闭后闸门,以防止土仓中的水及渣土在压力作用下进入盾构机和隧道,如图 2-51 所示。

图 2-51　螺旋输送机出渣双闸门

螺旋输送机中螺旋带的支撑采用单侧轴承悬臂支承法。当输送机壳体内充满渣土时,依靠渣土的悬浮能力,使螺旋带前端得到支承和自动取得平衡;螺旋输送机是渣土排出的唯一通道,对螺旋输送机的磨损非常严重,常见螺旋输送机耐磨举措包括:叶片周边焊接耐磨合金块;叶片迎渣面堆焊耐磨网格;螺旋输送机轴表面焊接耐磨条;前两节筒节内部下部区域焊接耐磨复合钢板等,如图 2-52 所示。

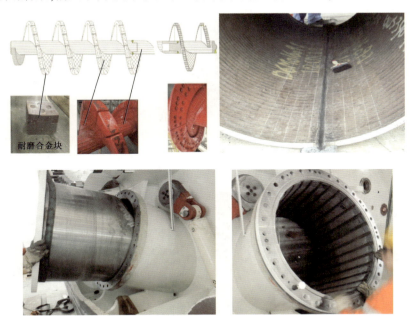

图 2-52　螺旋输送机耐磨设计

2.6.2 带式输送机(土压平衡盾构机)

对于土压平衡盾构机,后配套带式输送机是安装在后配套系统上,利用摩擦驱动以连续方式运输渣土的带式输送机,由机架、皮带、托辊、滚筒、张紧装置、跑偏装置及驱动装置等组成,如图 2-53 所示。

图 2-53　后配套带式输送机

后配套带式输送机驱动装置由变频电机、减速机、驱动滚筒、一二级清扫器等组成,驱动滚筒与皮带的传动为摩擦传动,如图 2-54 所示。

图 2-54　后配套带式输送机驱动装置

为确保后配套带式输送机正常安全运转,通常设置有皮带张紧装置、跑偏开关和拉线急停开关,如图 2-55 所示。

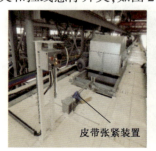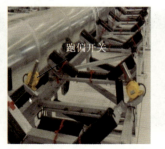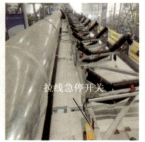

图 2-55　后配套带式输送机张紧装置、跑偏和拉线急停开关

2.6.3 泥水环流系统(泥水平衡盾构机)

对于泥水平衡盾构机,泥水环流系统为泥水仓输送泥浆并通过管路排出渣土,参与开挖面压力平衡控制的系统,其主要由泵、阀、传感器、管道及延伸装置等组成,如图2-56所示。

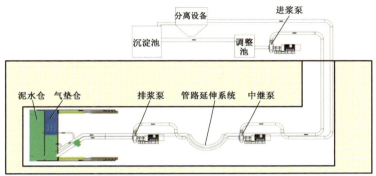

图2-56 泥水平衡盾构机泥水环流系统示意图

1)泥水仓与气垫仓

目前国内主流常见的泥水平衡盾构机为间接控制型,由泥水仓和气垫仓等组成,如图2-57所示。其中,泥水仓是泥水平衡盾构机开挖面与前隔板之间的仓室,气垫仓是泥水平衡盾构机前隔板与后隔板之间、利用压缩空气(气垫)稳定开挖面水土压力的仓室。气压作用在半隔板后面与泥浆的接触面上,由于接触面上气、液具有相同压力,因此只要调节空气压力,就可以确定和保持在开挖面上相应的泥浆支护压力,具有控制精度高、泥水压力波动小的优点。一般泥水压力在 $-0.05 \sim +0.05\mathrm{bar}$ 之间变化,掌子面压力的变化被迅速、准确地平衡,降低了掌子面压力对地层的扰动。

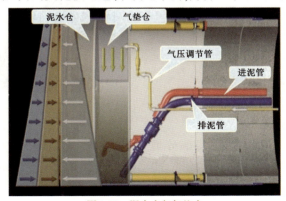

图2-57 泥水仓与气垫仓

2）泥浆门

泥浆门位于泥水仓前隔板的底部中间位置,正常掘进时处于开启状态;当其关闭时,用于分离泥水仓与气垫仓,开口的尺寸与破碎机可以处理的最大粒径相符;泥浆门采用液压缸驱动,并设有安全销,可以保证在气垫仓内安全地进行检查和维修工作,如图2-58所示。

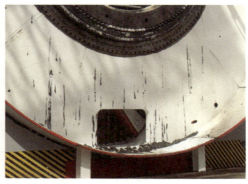

图2-58　泥浆门

3）碎石机

碎石机一般安装在泥水平衡盾构机气垫仓底部,主要作用是破碎岩块、搅拌渣土,常见类型为液压动力颚式碎石机,如图2-59所示。

图2-59　颚式碎石机

碎石机动作有两种模式,即破碎模式和摆动模式,如图2-60所示。破碎模式的作用是对大粒径石块进行破碎;摆动模式的作用是对碎石机底部渣土进行搅拌,避免沉积、淤塞进浆口。

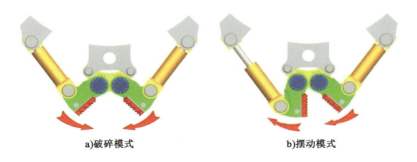

图 2-60 颚式碎石机破碎模式和摆动模式

4)二次双齿辊破碎机

后配套拖车放置有辊齿筛分式破碎机,设置在排浆泵前方,用于对石块的破碎,保证粒径顺利通过排浆泵。辊齿筛分式破碎机具有较好的破岩能力,同时采用特殊设计,在黏性地层中不易堵塞,如图 2-61 所示。

图 2-61 辊齿筛分式破碎机

5)搅拌器

针对黏土为主的施工地层,泥水平衡盾构机一般在气垫仓底部中间位置安装两套搅拌器,可对气垫仓底部渣土进行主动搅拌,防止渣土堆积引起滞排,如图 2-62 所示。

6)采石箱

泥水平衡盾构机一般在 P2.1 排浆泵前方位置安装采石箱,可对大体积岩块进行收集,保证岩块顺利通过排浆泵,防止发生卡泵情况,如图 2-63 所示。

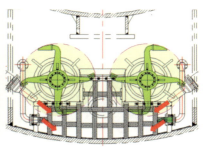

图 2-62　搅拌器

图 2-63　采石箱

7）格栅装置

在破碎机后部位置设计有格栅装置，通过格栅对石块粒径进行筛选，以此保证石块粒径满足排浆泵能力要求，如图 2-64 所示。

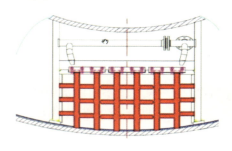
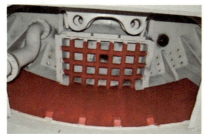

图 2-64　格栅

8）泥水冲洗装置

针对泥水平衡盾构机施工工况，为避免刀盘结泥饼、泥水仓和气垫仓渣土堵塞滞排等不良情况发生，一般需设计有专门的泥水冲洗装置。

(1)泥水仓隔板上的外环、中间位置配置有独立冲刷喷口,实现刀盘背部所有开口及滚刀都能被泥浆冲刷轨迹覆盖,可将黏附的渣土及时冲刷掉,防止刀盘结泥饼,如图 2-65 所示。

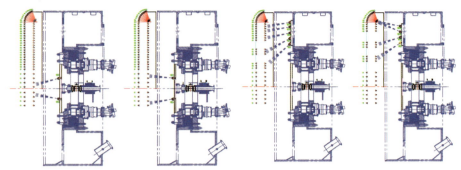

图 2-65　刀盘冲洗装置示意图

(2)泥浆门前方两侧设置有冲刷管路,避免渣土在泥浆门前方沉积、淤塞;碎石机前方左、右两侧设置有冲刷管路,避免渣土在碎石机附近区域沉积、淤塞,如图 2-66 所示。

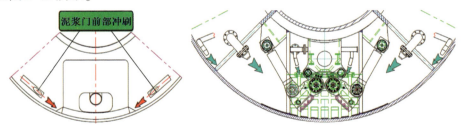

图 2-66　泥浆门、碎石机冲洗装置示意图

(3)格栅前部和后部各设计有两个冲刷喷口,可有效降低格栅位置渣土堵塞的概率,如图 2-67 所示。

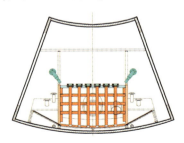

图 2-67　格栅冲洗装置示意图

9）泥浆泵

泥浆泵是用于泥浆输送的装置，主要分为进浆泵和排浆泵，如图2-68所示。泥浆泵主要根据泥水环流系统需要的流量和压力进行选型，在流量和水头压力损失等参数确定后便可确定泵的能力。针对掘进距离较长的隧道（至少1.5km），一般单个泥浆泵的能力（额定扬程）无法满足正常泥水环流的需求，为避免管路中压力过高，可选择多个中继泵串联的方式，使管道内压力分布均匀，避免某段管路压力过高；对于隧道内部进、排浆管路上所有泥浆泵，间隔位置距离适中，能有效降低管路中的峰值压力。

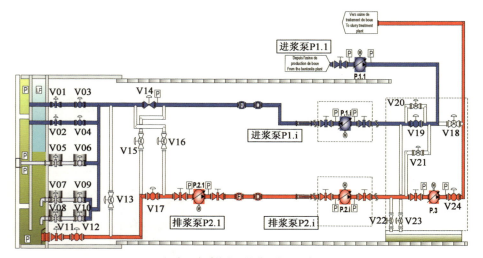

a) 泥水环流系统进、排浆泵位置示意图

b) 泥浆泵总成实物图

图2-68　泥浆泵

10) 泥浆管路阀门

在泥水环流系统管路中配置有泥浆管路阀门,作用是实时开启、切断某一段进、排浆管路,以达到泥水环流模式转换及冲刷泥饼的目的,常见的阀门类型为球阀和闸板阀,其驱动类型分为液动、气动及手动,如图2-69所示。

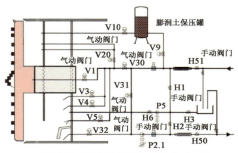
a)泥水环流系统管道阀门安装位置示意图

b)泥浆管路阀门实物图

图2-69　泥浆管路阀门

11) 泥浆管延伸装置

泥浆管延伸装置是泥水平衡盾构机中用于进浆管和排浆管延伸连接的装置,当掘进循环达到一定距离时,需要延伸隧道内的泥浆管路。目前常见的泥浆延伸装置有两种类型,即硬管伸缩式和软管延伸式。其中硬管伸缩式遇到小曲线段掘进时伸缩套部位易发生憋管现象,而软管式换管装置是通过软管摆动来实现管路延伸的,可以适应较小曲线段的掘进,如图2-70所示。

a)硬管伸缩式

图　2-70

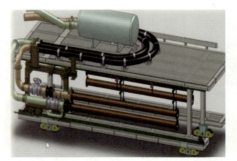

b)软管延伸式

图 2-70　泥浆管延伸装置

12）收浆装置

在进行泥浆管路延伸作业换管前,通过收浆装置可快速将主进、排浆管道内残留的泥浆排送至气垫仓,一般可具备 80m 管道长度的浆液回收能力,实现泥浆零泄漏、零污染。系统原理如图 2-71 所示。

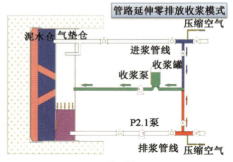

a)收浆装置实物图　　　　b)原理图

图 2-71　收浆装置及系统原理图

13）泥水环流模式

泥水环流工作模式主要分为旁通模式、掘进模式、反冲模式、停机保压模式和管路延伸模式等。

（1）旁通模式

旁通模式是泥水环流系统的中间模式,其他循环模式进行切换时都需要经由旁通模式,主要在拼装管片和仓外循环时使用此模式。原理如图 2-72 所示。

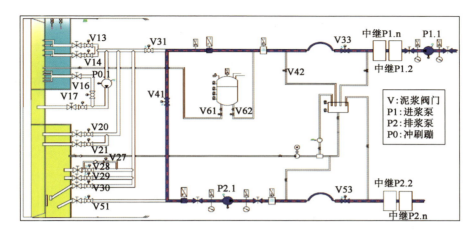

图 2-72　旁通模式原理图

(2) 掘进模式

只能经由旁通模式才能切换到掘进模式,在此模式下,进、排浆泵的转速调节达到要求的流量和压力,此流量和压力需要与掘进速度和地质条件相适应,主要在掘进出渣时使用此模式。原理如图 2-73 所示。

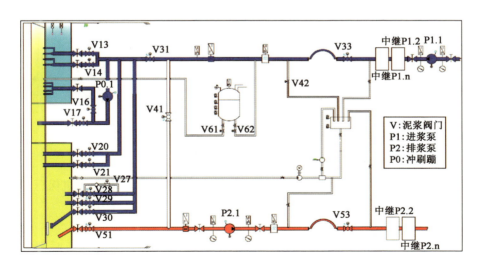

图 2-73　掘进模式原理图

(3)反冲模式

在泥水仓底部、气垫仓底部或主机段排浆管路发生严重堵塞时,使用反冲模式进行疏通,该模式可以实现持续冲洗直至堵塞疏通。原理如图 2-74 所示。

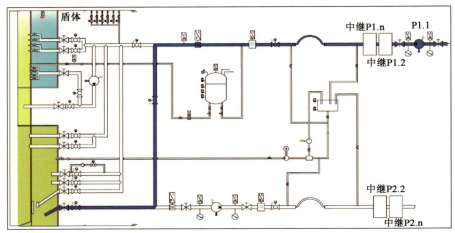

图 2-74　反冲模式原理图

(4)停机保压模式

泥水平衡盾构机长时间处于停机状态时,泥水仓内可能发生泥浆流失现象,可通过停机保压模式对气垫仓的泥浆液位进行控制,必要时进行泥浆的补充。原理如图 2-75 所示。

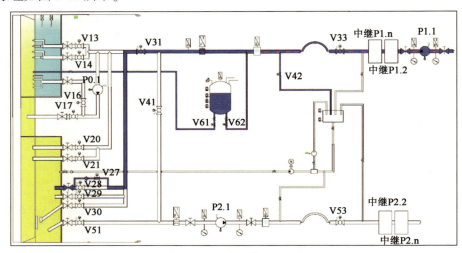

图 2-75　停机保压模式原理图

(5）泥浆管延伸模式

为了能在掘进过程中对泥浆管进行延伸,需通过延伸装置周期性对进浆管/排浆管路进行加长,同时需要对泥浆管内的泥浆进行处理。系统设计有泥浆收集系统,将主进/排浆管道内的泥浆排送至气垫仓内,泥浆被有效回收利用并实现了泥浆的零泄漏、零污染。原理如图2-76所示。

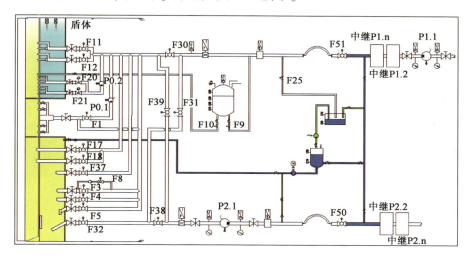

图2-76　泥浆管延伸模式原理图

14）泥水处理设备

泥水处理设备是提供泥浆调制和渣土分离的配套设备,目的是将泥水平衡盾构机切削下的渣土与泥浆混合物进行分离处理,以实现泥浆回收调整再利用。原理如图2-77所示。

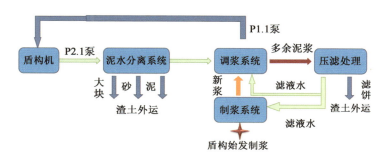

图2-77　泥浆处理设备原理图

常见的泥水处理设备分为"筛分—旋流—离心—压滤"四级处理流程,其中粗筛最小分离固相粒径为2mm、一级旋流最小分离固相粒径为74μm、二级旋流最小分离固相粒径为20μm,最大单机处理能力为1100m/h。针对砂层、砂质岩层为主的地层,泥水处理设备通常加配压滤机;对于黏土、泥质岩层为主的地层,通常加配离心机,如图2-78所示。

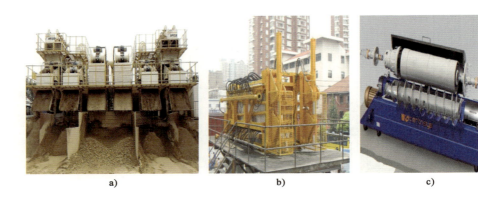

图 2-78 泥水处理设备

2.7 注浆系统

注浆系统是盾构机掘进过程中泵送浆液用于填充管片壁后开挖空隙的系统,可分为同步注单液浆系统、同步注双液浆、二次注浆系统等。

2.7.1 同步注单液浆系统

同步注浆与盾构机掘进同时进行,是通过同步注浆系统及盾尾的注浆管,在盾构机向前推进盾尾空隙形成时进行,浆液在盾尾空隙形成的瞬间及时将其填充,使周围的岩体及时获得支撑,可防止岩体坍塌,控制地表沉降,有利于隧道衬砌的防水,同步注浆系统包括砂浆罐、注浆泵、管道、压力传感器等设备。系统原理如图 2-79 所示。

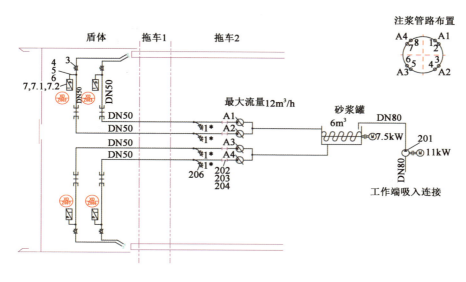

图 2-79 同步注浆系统原理图

2.7.2 同步注双液浆系统

水泥浆+水玻璃双液浆(简称"双液浆")作为盾构隧道施工注浆用浆液,双液浆保水性能好,不易离析,凝结时间较短并可调节,能达到较短时间内固结和堵水的目的。盾构同步注浆采用双液浆能及时有效地填充盾构建筑间隙,从而保持地层的稳定性,抑制施工引起的过大变形,进而起到控制地表沉降的作用,同时同步注双液浆能起到很好的堵水效果,防止盾尾漏水、漏浆、有效地控制了管片变形、上浮等问题,保证了隧道的成型质量。

盾构机双液浆同步注浆装置由注浆泵、清洗泵、储浆槽、管路、阀件等组成,安装在后配套台车上。一般在盾尾设置了4处共8根同步注浆管(4根A液浆管,4根B液浆管)注双液浆,当盾构掘进时,A、B两个注浆泵分别将储浆槽中的水泥浆液和水玻璃泵出,通过各自输浆管道,进入盾尾壳体内的同步注浆管,两种浆液出注浆管后混合填充管片外表面的环形空隙,系统原理如图2-80所示。

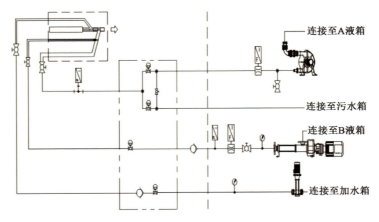

图 2-80　同步注双液浆原理图

2.7.3　二次注浆系统

同步注浆使盾尾建筑空隙得到及时填充,地层变形及地表沉降得到控制,在浆液凝固后,强度得到提高,但可能存在局部不够均匀或因浆液固结收缩产生空隙,因此为提高背衬注浆层的防水性及密实度,必要时再补充以二次注浆,进一步填充空隙形成密实的防水层,同时也达到加强隧道衬砌的目的。二次注浆一般采用双液型浆液注浆,分为 A 液(水泥 + 水)、B 液(水玻璃 + 水)。系统原理如图 2-81 所示。

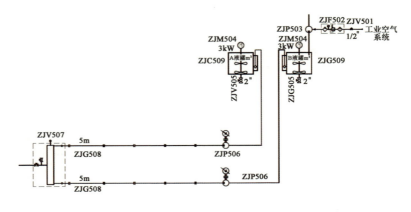

图 2-81　二次注浆系统原理图

2.8 渣土改良系统

渣土改良系统是对开挖渣土进行流塑性改良的系统,可分为泡沫注入系统、膨润土注入系统、高分子聚合物注入系统等。

2.8.1 泡沫注入系统

泡沫注入系统是由泡沫原液和水按一定比例先形成泡沫混合液,然后经螺杆泵泵送至泡沫发生器里面,最后与压缩空气充分接触发泡后形成泡沫,其中一路通过中心回转接头注入到刀盘前方,另一路通过土仓隔板注入土仓内,还有一路直接注入螺旋输送机筒体内部。

目前常见的配置为单管单泵注入方式泡沫系统,每路泡沫在喷口压力和管道阻力不同时,均能保证每路泡沫的注入,通常用于黏土、泥岩等地层的渣土改良。系统原理如图2-82所示。

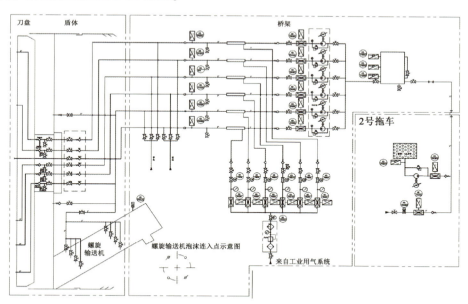

图2-82 泡沫注入系统原理图

2.8.2 膨润土注入系统

膨润土注入系统是膨润土罐中经配制发酵好的膨润土浆液经挤压泵沿管路泵送至刀盘前方、土仓内、螺旋输送机筒体内及盾壳体外部。改良渣土膨润土注入系统主要由膨润土罐、膨润土输送泵、流量传感器、球阀等组成,当需要注入膨润土时首先由主控室内打开盾体内的一路气动球阀,再启动对应的软管泵注入,通常用于砂层、砂卵石等地层的渣土改良。系统原理如图2-83所示。

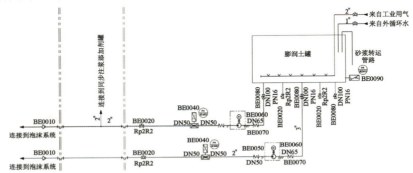

图2-83 膨润土注入系统原理图

2.8.3 高分子聚合物注入系统

聚合物通过螺杆泵注入到土仓里面和螺旋输送机的两侧,以满足在高水压富水地层的掘进需要,防止喷涌的发生。系统原理如图2-84所示。

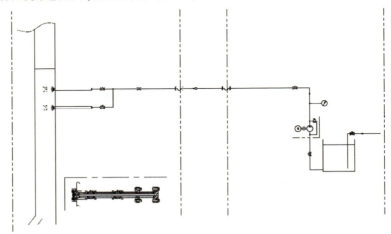

图2-84 高分子聚合物注入系统原理图

2.9 油脂系统

油脂系统主要分为 HBW 油脂注入系统、EP2 油脂注入系统和盾尾密封油脂注入系统。

2.9.1 HBW 油脂注入系统

HBW 油脂注入系统是将 HBW 油脂用气动油脂泵经油脂管路泵送至主轴承外密封迷宫环及中心回转接头位置,中间环节通过 HBW 气动球阀和液压马达分配器进行切换、流量分配等控制。系统原理如图 2-85 所示。

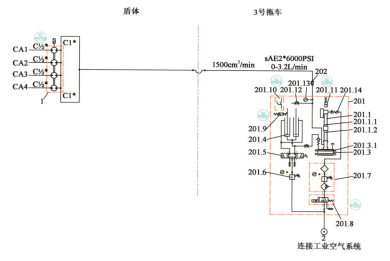

图 2-85 HBW 油脂注入系统原理图

2.9.2 EP2 油脂注入系统

EP2 油脂注入系统是将 EP2 油脂用气动油脂泵经油脂管路先泵送至 EP2 多点泵油脂筒内,再由多点泵分配泵送至主轴承内、外密封 EP2 注入点位置,另一路经 EP2 油脂分配阀泵送至中心回转接头和螺旋输送机驱动密封、后闸门 EP2 注入点位置。系统原理如图 2-86 所示。

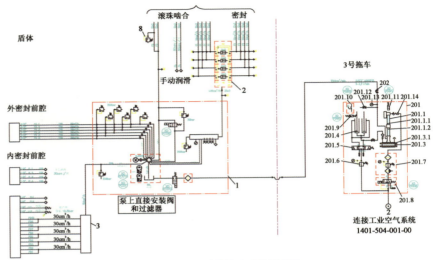

图 2-86　EP2 油脂注入系统原理图

2.9.3　盾尾密封油脂注入系统

盾尾密封油脂注入系统是将盾尾密封油脂用气动油脂泵经油脂管路泵送至盾尾刷之间形成的腔室,中间环节通过盾尾密封油脂气动球阀和压力传感器进行注入点切换、压力监测等控制。系统原理如图 2-87 所示。

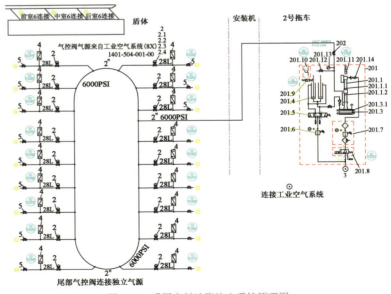

图 2-87　盾尾密封油脂注入系统原理图

2.10 循环水系统

盾构机水系统包括内循环水系统和外循环水系统,具体介绍如下:

2.10.1 外循环水系统

外循环水系统为盾构机提供施工、维护用水及污水排放的系统,常见的盾构机供水系统配有水管延伸卷筒,可实现自动延伸及自动盘卷,系统配置有进、回水水管双联卷筒,并配有报警装置,用于设备上的分散用水以及各种清洗作业。此外,盾构机排污系统主要由气动隔膜泵、污水泵、污水箱、球阀等组成,其中气动隔膜泵安装在主机下部,可将隧道中的污水输送到后配套拖车上的污水箱中,在污水箱中经过沉淀,再由污水泵将污水排放出洞外。系统原理如图 2-88 所示。

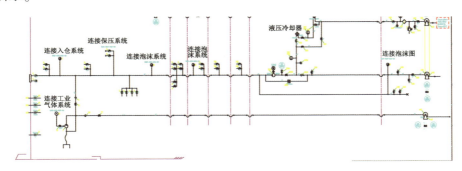

图 2-88 外循环水系统原理图

2.10.2 内循环水系统

内循环水系统是对盾构机设备进行冷却的系统,可以是水冷或风冷等方式,常见的盾构机冷却系统包括开式循环系统和闭式循环系统。

闭式冷却系统是在拖车上安装一个冷却介质罐,通过一台离心水泵对闭式循环系统进行加压循环,对设备的关键部件(如主驱动电机、主减速机、主轴承齿轮油、主变频器、主配电柜、主泵站液压油及空压机等)进行冷却,闭式循环中的冷却介质为软水;开式循环系统采用洞外的工业水通过中间热交换器对闭式循环系统中的软水进行冷却。系统原理如图 2-89 所示。

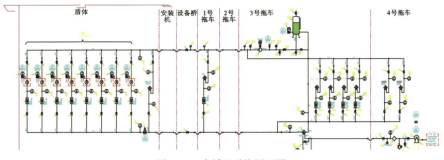

图 2-89　内循环系统原理图

2.11　工业空气系统

压缩空气系统主要为盾构机上的气动设备和气动元件提供动力源,同时也给人仓和土仓加气和补气。盾构机上常配置两台螺杆空压机并联供气,系统包括空气压缩机(简称空压机)、压缩空气罐、滤清器和保养装置。用气的单元主要包括:经减压阀向铰接应急密封充气、土仓补气、气动闸阀(电控气动)、泡沫系统、油脂系统、盾体和各拖车用气闸阀等。系统原理如图 2-90 所示。

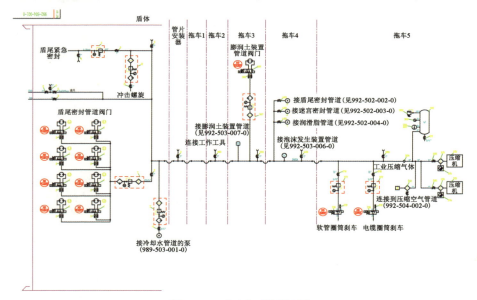

图 2-90　工业空气系统原理图

2.12 保压系统

保压系统是用于盾构机调节和保持各压力仓气压大小的系统,其作用是减小地表沉降;为开挖面提供支撑;为人舱提供气源;带压进仓作业提供保障,主要由气源、气源处理组件、减压阀、气动控制器、气动压力变送器、气动执行器、气动定位器、气动调节阀等元器件等组成,如图 2-91 所示。

图标	实物	名称
		供气气动控制单元/单座阀/蘑菇头
		压力变送器
		PI控制器
		气源处理元件

图 2-91　盾构机保压系统

目前盾构机气压调节系统普遍使用的是德国 SAMSON 公司设计制造的一种全气动压力调节装置。其工作原理是:压力变送器实时检测土仓(或气垫仓)内的实际气压值,经气动控制器比较测得值与设定值,根据实际偏差值实时控制、修正进(或排)气阀的阀门开度,从而实现自动调节土仓(或气垫仓)进、排气量的目的,最终使土仓(或气垫仓)实际气压值保持稳定在设定值范围。为了安全起见,盾构机一般提供两套气压调节系统,以确保一个部件发生故障时,备用系统能立即使用。此外,为了保证能够在断电的情况下使用,一旦断电,应立即启动气源提供设备,以保证为空气调节系统提供足够的气源。系统原理如图 2-92所示。

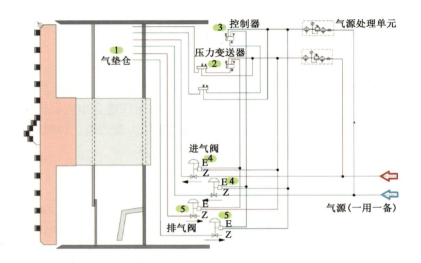

图 2-92　保压系统原理图

2.13　通风系统

通风系统是为盾构机作业环境提供新鲜空气及进行散热的系统,隧道的通风采用洞外压入式通风,隧道通风管与拖车上的储风筒管连接,将洞外新鲜空气经过盾构机后配套拖车上的二次风机、硬风筒及其软连接后送入主机区域。系统原理如图 2-93 所示。

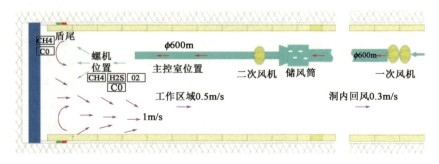

图 2-93　盾构机通风系统原理示意图

2.14 液压系统

盾构机典型液压系统包括刀盘驱动液压系统、推进液压系统、铰接液压系统、管片拼装机液压系统、螺旋输送机液压系统、同步注浆泵液压系统等。本节以直径 6~7m 级盾构机典型液压系统为例,对各液压系统组成及工作原理分析进行简要阐述。

2.14.1 刀盘驱动液压系统

盾构机刀盘驱动液压系统常见设计为闭式液压系统,工作模式分为安全模式和脱困模式两种。在安全模式下,刀盘可实现高低速转换、转速无级调节、恒功率控制、负载反馈调节,利于盾构机在掘进过程中刀盘的转速、扭矩控制;在脱困模式下,刀盘可在短时间内获得较大扭矩从而克服负载实现脱困。

刀盘驱动泵液压原理如图 2-94 所示,刀盘驱动液压系统由 3 台 A4VSG750HD1/22R 型斜盘式轴向柱塞泵提供动力,每台柱塞泵额定排量为 750mL/r,由额定功率为 315kW 的电机进行驱动,需要 SNS 940ER46U12.1-W2 型外置补油泵通过补油口补充液压油,同时需要 A10VO28DFLR/31R 型外置控制泵通过刀盘驱动系统控制阀(图 2-95)提供压力可控的控制油,从而实现刀盘旋向调节、转速无级调节、恒功率控制及安全模式与脱困模式切换功能。

(1)刀盘旋向调节

盾构刀盘正转时,V9(电磁换向阀)右位得电,顺时针调节刀盘转速电位计时,V13(比例溢流阀)升压,X1 口控制压力上升,V10(伺服阀)右位工作,外置补油泵的压力油通过 V3、V4(单向阀)进入 C1 伺服缸有杆腔,C1 伺服缸无杆腔与油箱相通,C1 伺服缸活塞杆右移,刀盘驱动泵 A 口输出液压油。刀盘反转时,控制阀的工作原理与刀盘正转时一致。

(2)刀盘转速无级调节

在恒压模式下,刀盘转速的无级调节是通过 V13 比例溢流阀的压力调节实现的,V13 比例溢流阀控制主驱动泵 P1 口的控制油压力,随着 P1 口压力的变化,V10(伺服阀)产生相应的位移,从而 C1(伺服缸)活塞杆产生相应的位移,主驱动泵的排量产生相应的变化,实现刀盘转速的无级调节。

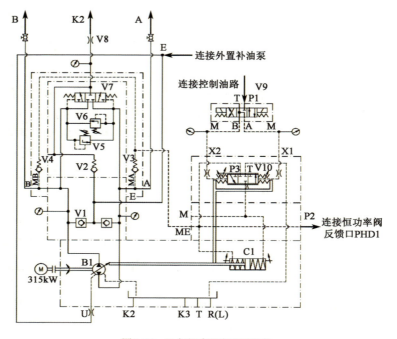

图 2-94　刀盘驱动泵液压原理图

B1-液压泵；C1-伺服缸；V1、V2、V3、V4-单向阀；V5、V6-主溢流阀；V7-冲洗阀；V8-节流阀；V9-电磁换向阀；V10-伺服阀

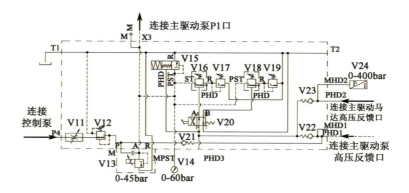

图 2-95　刀盘驱动系统控制阀液压原理图

V11-调速阀；V12-减压阀；V13-比例溢流阀；V14-压力表；V15-恒功率阀；V16、V18-顺序阀；V17、V19-溢流阀；V20-手动换向阀；V21、V22、V23-单向阀；V24-压力传感器

(3)刀盘恒功率控制

刀盘泵高压侧的压力油及刀盘液压马达的压力油通过 PHD1 口及 PHD2 口作用于 V15(恒功率阀)的 PHD 腔,当 PHD 腔压力超过 160bar,V15 大弹簧开始压缩,先导弹簧(小弹簧)弹力降低,溢流阀设定压力降低,PST 口压力下降,从而导致 P1 口压力降低,刀盘驱动泵排量降低,刀盘转速降低,从而实现刀盘的恒功率控制。

(4)安全模式与恒功率模式切换

安全模式下,刀盘驱动泵或液压马达高压反馈油作用在 V16(顺序阀)PHD 口的压力超过 V16 的设置压力(250bar),V16 开启,P1 口压力受 V17(溢流阀)限制,最大压力为 V17 设置压力为 12bar,刀盘驱动泵有极小的流量输出。脱困模式下,V20 手动换向阀左位工作时,刀盘驱动泵和液压马达的高压反馈油作用在 V18(顺序阀)的 PHD 口,当压力超过 V18 的设置压力(280bar),此时单台液压马达能够为刀盘提供 2.23kN·m 的扭矩;V18 开启,P1 口压力受 V19(溢流阀)限制,系统的最大压力为 V19 的设置压力 12bar,刀盘驱动泵有极小的流量输出,达到短时间提高刀盘输出扭矩的目的。

2.14.2 推进液压系统

盾构机推进液压系统是由恒压变量泵和比例调速阀组成的容积节流调速回路,工作模式分推进模式和拼装模式,推进模式用于盾构向前掘进的过程,拼装模式用于盾构拼装管片的过程,两种模式都用到推进泵及推进液压缸的动作。例如推进液压缸总共有 32 根,分为 A、B、C、D、E 共 5 组,每组推进液压缸的控制阀块原理相同。

推进系统由 A4VSO125DRG/30R 型斜盘式轴向柱塞泵提供油源,其排量为 125mL/r,液压原理如图 2-96 所示。V1(比例溢流阀)控制泵的工作压力;V2(先导溢流阀)和 V3 插装阀组成插装溢流阀,限制泵的最高压力;V4(液控换向阀)控制泵的工作流量。推进系统推进模式和拼装模式的切换会让 PLC(可编程逻辑控制器)传递给推进泵泵头 V1 阀不同的电信号,拼装模式时 PLC 给 V1 固定的电流,保证泵恒压工作;推进模式时,测量液压缸无杆腔压力的压力传感器将测得的最大压力信号转化为电信号传递给 PLC,然后 PLC 根据负载给 V1 提供变化的电流,从而实现泵头出口压力 $P_\text{泵}$ 根据负载变化而变化,并且泵头输出压力 $P_\text{泵}$ 始终要比各推进分区驱动负载所需最高压力 P_max(注:A、B、C、D、E 组推进液压缸压力传感器显示压力最大的一组)高 ΔP(注:保证比例调速阀稳定正常工作时所需压力差,一般为 25bar),即通过 PLC 程序中的 PID 控制来实现推进泵建立一种动态平衡($P_\text{泵} = P_\text{max} + \Delta P$)。

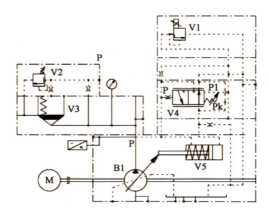

图 2-96　推进泵液压原理图

V1-比例溢流阀；V2-先导溢流阀；V3-插装阀；V4-液控换向阀；V5-伺服缸；B1-推进泵；M-电机

推进液压缸控制阀组液压原理如图 2-97 所示。V8（电磁换向阀）和 V9（插装阀）组成插装换向阀，推进模式下，V8 断电，V9 处于关闭状态，液压油仅从 V6（比例调速阀）进入系统；拼装模式下，V8 得电，V9 处于开启状态，液压油从 V6 和 V9 进入系统，V9 为大流量插装阀，能够实现液压缸的快速伸缩。V11（电磁换向阀）和 V12（插装阀）组成插装换向阀，能够实现液压缸的快速回收；V13（电磁球阀）实现液压缸的泄压，防止液压缸推进模式结束后回收时，管路由于高压大流量液压油冲击导致油管和管接头损坏；V14（安全阀）限制液压缸的最高压力；V15（压力传感器）将推进模式下该组推进液压缸压力传递到 PLC，从而控制泵头压力，PLC 将五组推进阀组上的压力传感器测得的压力进行对比，从而使泵头压力始终比五组推进液压缸最大压力高 25bar。

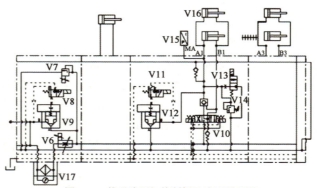

图 2-97　推进液压缸控制阀组液压原理图

V6-比例调速阀；V7-比例溢流阀；V8-电磁换向阀；V9-插装阀；V10-电液换向阀；V11-电磁换向阀；V12-插装阀；V13-电磁球阀；V14-安全阀；V15-压力传感器；V16-液压缸；V17-过滤器

2.14.3 铰接液压系统

铰接液压缸的作用是可以更好地控制盾构机姿态,使盾构能够很好地适应蛇形前进特别是能够更好地适应曲线掘进,并在换刀过程中可以使刀盘后退,从而获得足够的换刀空间。铰接液压系统由若干根铰接液压缸及控制阀组成,泵源为高压定量泵,系统设定工作压力通常为350bar。

通过人工开启、关闭相关手动球阀,结合主控室琴台旋钮操作使得相关电磁阀得电动作,可实现铰接液压缸形成"保持、拖拉、释放和差动伸出"四种状态,具体液压原理介绍如下:

(1)保持

"保持"状态指直线掘进时铰接液压缸伸出量保持不变,液压回路如图2-98所示;手动球阀1、3打开,手动球阀2关闭,铰接液压缸有杆腔液压油处于封闭状态,油量保持不变,被封闭的油液在所有相互并联的铰接液压缸有杆腔内相互补偿;如果铰接压力未超过溢流阀设定压力,则铰接液压缸不会继续伸出。

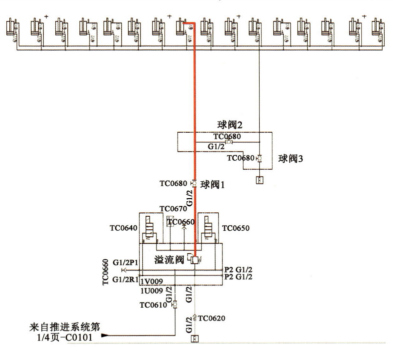

图2-98 铰接液压缸"保持"状态液压回路

（2）拖拉

"拖拉"状态指推进模式下回收铰接液压缸，液压回路如图2-99所示。手动球阀1、3、4打开，手动球阀2关闭，拖拉电磁阀得电动作，使压力油通过进入铰接液压缸有杆腔，同时铰接液压缸无杆腔回油箱，从而实现铰接液压缸回收。

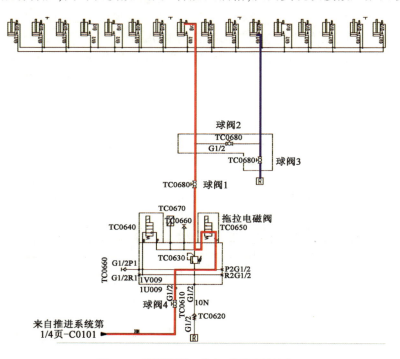

图2-99　铰接液压缸"拖拉"状态液压回路

（3）释放

"释放"状态指转弯掘进时释放铰接压力，使铰接液压缸跟随铰接拉力（推进模式）实现自适应变化，液压回路如图2-100所示。球阀1、3打开，球阀2关闭，释放电磁阀得电动作，使铰接液压缸有杆腔、无杆腔都与油箱相通，铰接液压缸处于浮动状态，无法拖动盾尾随同前进，导致铰接液压缸活塞杆将不断伸出，在其伸出行程达到极限位置时，盾构主司机应及时调整铰接液压缸控制换向阀，使得铰接液压缸回收至大约中间位置，然后再返回至"释放"浮动状态，继续进行转弯掘进操作。重复上述"浮动—回收"状态循环操作，方可完成弯道转入直线掘进的过渡过程。同理，由直线进入弯道的过渡过程也需对铰接液压缸进行上述"浮动—回收"状态循环操作。

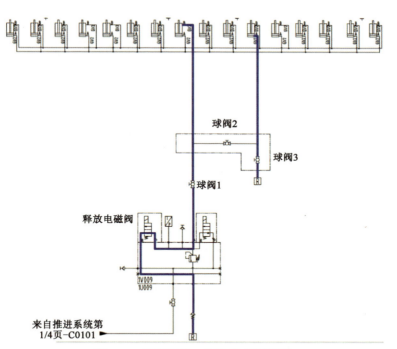

图 2-100　铰接液压缸"释放"状态液压回路

(4) 差动伸出

"差动伸出"状态指当需要主动伸出铰接液压缸活塞杆时,需将球阀 1、2、4 打开,球阀 3 关闭,主控室操作琴台控制拖拉电磁阀得电动作或本地手动控制,使铰接液压缸进、出液压油路形成差动连接,从而实现铰接液压缸活塞缸主动伸出,如图 2-101 所示。

2.14.4　管片拼装机液压系统

为了提高管片的拼装效率及避免拼装中的管片损坏,要求系统要有一定的速度、准确的移动位置精度、足够的活动自由度及可靠的安全度。配置 55kW 的双联恒压变量泵来确保流量和速度,精度靠电液比例伺服阀控制,自由度包括管片左右旋转、提升(可左右分别提升及同时提升)、前后水平六个自由度,并有管片的抓紧及绕抓举头水平微转、前后微倾的微调功能。

其中双联恒压变量泵为拼装机提供动力。当用快速挡时,双泵同时工作。低速挡时,单泵工作。泵头加载阀由 PLC 控制,根据拼装机的工作速度可对其进行分别控制或同时控制。

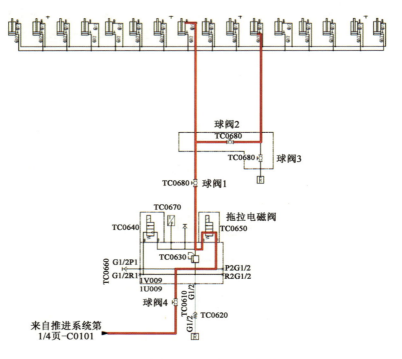

图 2-101　铰接液压缸"差动伸出"状态液压回路

2.14.5　螺旋输送机液压系统

盾构螺旋输送机液压系统为闭式液压系统,通过闭式柱塞泵及控制阀块实现螺旋输送机的正反转调节、转速无级调节、恒功率控制、压力切断控制(限制最高工作压力),通过调节液压马达的排量实现螺旋输送机的高低速切换,以上几种控制模式可以极大地提高盾构在不同地层中的出土效率,从而达到理想掘进速度和掘进安全的目的。

螺旋输送机液压系统由 A4CSG500HD1DU/30R 型闭式液压泵提供油源,该闭式泵由排量为 500mL/r 的轴向柱塞泵及排量为 98mL/r 的齿轮泵组成,同时集成了补油控制回路、先导控制回路、恒功率控制回路于一体,具备较高的集成度,其液压原理如图 2-102 所示。

1)补油控制回路原理简介

B1(柱塞泵)为排量 500mL/r 的斜盘式轴向柱塞泵,通过先导压力控制柱塞泵斜盘摆角的变化。B2(补油泵)为排量 98mL/r 内啮合齿轮泵,齿轮泵输出液压油须经过过滤精度为 10μm 的滤芯后进入补油回路和控制回路,防止变量机构卡滞和内部元件的异常磨损。

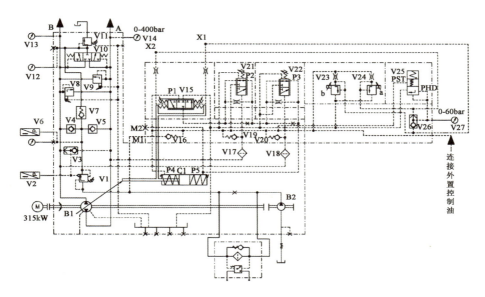

图 2-102　螺旋输送机泵液压原理图

B1-柱塞泵;C1-伺服缸;B2-补油泵;V1-控制压力溢流阀;V2、V6-压力传感器;V3、V26-梭阀;V4、V5、V16、V19、V20-单向阀;V7-旁通阀;V8、V9-溢流阀;V10-冲洗阀;V11-冲洗溢流阀;V12、V13、V14、V27-压力表;V15-伺服阀;V17、V18-滤芯;V21、V22-压力切断阀;V23、V24-比例溢流阀;V25-恒功率阀

V11(冲洗溢流阀)的标准设定压力 $P_{K4}=25\text{bar}$,为补油回路提供背压,防止补油压力过低从而导致 B1 吸空损坏,因此螺旋输送机程序设置了低压保护功能,当 V6(压力传感器)测压点压力低于 20bar 时,螺旋输送机泵电机自动停止运转。

V7(旁通阀)为单向阀,背压 $\Delta P_{V7}=10\text{bar}$,使 V1 阀出口液压油优先补充到 B1(柱塞泵)的低压侧,多余的液压油通过 V7(旁通阀)回到油箱,V3(梭阀)标准设定压力 $P_{E3}=P_{K4}+10=36\text{bar}$。

2)先导控制回路原理简介

盾构螺旋输送机液压系统先导控制回路由 A10VSO28DFLR/31R 型柱塞泵提供控制油,控制油经过型为 DBEP6C06-13/45G24NK4V-382 的 V23/V24 比例溢流阀后分别作用于 V15(伺服阀)的 X1 腔和 X2 腔,同时通过 V26(梭阀)作用于 V25(恒功率阀)的 PHD 腔,通过调节 V23、V24 设定压力的大小来调节 V15 阀芯的位移大小,从而使螺旋输送机泵排量的调节,螺旋输送机转速发生相应的改变。

3）恒功率控制原理简介

当螺旋输送机泵的输出压力超过200bar时，螺旋输送机泵处于恒功率控制模式，在此模式下，V15 的 X1/X2 腔压力同时受 V23/V24 及 V25 限制（以低压为准），螺旋输送机转速根据负载压力的升高而降低，调节过程如下：

（1）B1 泵 A/B 口压力油通过 V17 滤芯及 V19（单向阀）或 V18 滤芯及 V20（单向阀）作用于 V25 PST 腔，当 PST 腔压力超过 200bar 后，高压弹簧开始收缩，顶杆作用在先导弹簧的压力下降，先导弹簧压缩量减小，溢流阀设定压力降低，PHD 口压力下降，从而导致 V15X1/X2 腔压力下降，B1 排量减小，螺旋输送机转速降低，实现恒功率控制。

（2）A/B 口压力油通过 V17/V18 滤芯作用于 V21/V22（压力切断阀）下腔，当 B1 泵 A/B 口压力超过 300bar 时，V21/V22 阀芯向上位移，C1（伺服缸）左右两腔压力改变导致 C1 活塞杆位移量减小，B1 输出流量等于泵的泄漏量，泵处于高压待机状态，一旦 B1 输出压力低于 300bar，V21/V22 阀芯向下位移，C1 活塞杆位移量增加，B1 排量增加。

2.14.6　同步注浆泵液压系统

同步注浆泵液压原理如图 2-103 所示，由插装阀、启动控制阀、吸料控制液压缸、送料控制液压缸和液控换向阀等组成。

同步注浆泵处于工作时，将启动控制阀板至右工位，压力油进入主推进液压缸无杆腔，主推进液压缸伸出，液控换向阀 2 处于下工位工作，压力油流经液控换向阀 1 进入吸料控制液压缸的有杆腔和送料控制液压缸无杆腔，开启混凝土吸料缸与注浆管路之间的连通，切断混凝土吸料缸与注浆罐之间的连通，压力油控制液控换向阀 3，使其处于下工位工作，保证主推进液压缸一直处于伸出运动状态，保证同步注浆机处于"正泵"送料状态。

（1）当主推进液压缸运行至最顶端时，由于主推进液压缸活塞的隔离作用，使得插装阀 2 左右两侧产生压力差，即左侧为高压状态，压力油控制液控换向阀动作，液控换向阀 1 处于上工位工作，压力油流经液控换向阀 1 进入吸料控制液压缸的无杆腔和送料控制液压缸有杆腔，切断混凝土吸料缸与注浆管路之间的连通，开启混凝土吸料缸与注浆罐之间的连通，由于压力油经液控换向阀 1 进行换向，压力油控制液控换向阀 3，使其处于上工位工作，主推进液压缸变为有杆腔进油，无杆腔出油，主推进液压缸处于收回状态，同步注浆机处于吸料状态。

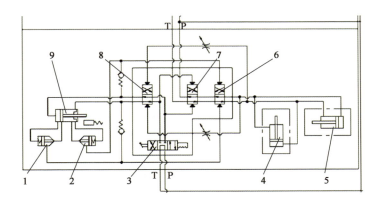

图 2-103 同步注浆机液压原理图
1-插装阀 1;2-插装阀 2;3-启动控制阀;4-送料控制液压缸;5-吸料控制液压缸;6-液控换向阀 1;7-液控换向阀 2;8-液控换向阀 3;9-主推进液压缸

（2）当主推进液压缸收回至最底端时，由于主推进液压缸活塞的隔离作用，使得插装阀 1 左右两侧产生压力差，即右侧为高压状态，压力油控制液控换向阀动作，液控换向阀 1 处于下工位工作，压力油流经液控换向阀 1 进入吸料控制液压缸的有杆腔和送料控制液压缸无杆腔，开启混凝土吸料缸与注浆管路之间的连通，切断混凝土吸料缸与注浆罐之间的连通，由于压力油经液控换向阀 1 进行换向，压力油控制液控换向阀 3，使其处于下工位工作，主推进液压缸变为无杆腔进油，有杆腔出油，主推进液压缸处于伸出状态，同步注浆机处于送料状态。

（3）往复重复两种动作，使同步注浆机一直处于自动工作状态，通过电磁比例调速阀控制整个液压系统油路的流量，可以控制同步注浆机运行速度的快慢。

当启动控制阀处于左工位工作时，主推进液压缸与送料控制液压缸、吸料控制液压缸的配合动作恰好相反，同步注浆泵处于"反泵"清洗状态。

2.15 电气系统

盾构机电气系统主要包括供配电系统和自动控制系统，本节以"中铁号"土压平衡盾构机为例，介绍全断面隧道掘进机的电气控制系统。中铁号土压平衡盾构机的配电系统由 10kV 的高压系统和 690V/400V/220V 的低压系统组成，可编程控制系统主要以德国西门子的 S7-400 系列的 PLC 为主站,S7-300/ET 200M 系列的 PLC 为从站建立庞大且复杂的分布式自动化控制系统,从而实现信号采集、处理、显示、监控和评估的功能。

2.15.1 供配电系统

盾构机从施工当地电网配电室引进 10kV 高压电,经过高压环网柜到达 10kV/400V 变压器(或者传到 10kV/690VAC 变压器),再经过主配电柜(其中包括电容补偿柜)送至 400VAC 电机动力设备以及照明插座设备,从主配电柜经过开关电源产生 24VDC 电源给盾体、拖车上的分配电箱,为 PLC 模块提供低压控制电源。盾构机动力电气系统结构框图如图 2-104 所示。

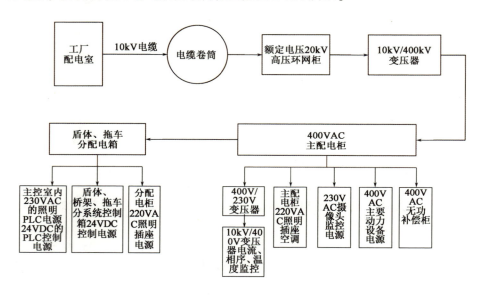

图 2-104　盾构机动力电系统结构框图

2.15.2 自动控制系统

1)分布式 IO PLC 控制系统

盾构机自动控制系统设计包括:上位机(工业电脑)和下位机(PLC 系统),其中下位机 PLC 系统目前主流采用分布式 IO 形式的控制结构(图 2-105),具有以下优点:

(1)拖车之间电气系统的联系只有通信电缆及几根供电电缆,盾构机的拆装工作极为方便。

（2）能够实现信号就地接入，就近控制，节约配线，便于组装调试；设备故障率显著降低。

（3）控制线路的简化，设备故障率显著降低。

（4）以分布式 IO 设计相应的图纸，可实现元件与线路的快速查找，方便设备检修。

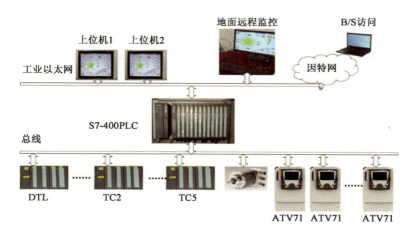

图 2-105　盾构机分布式 IO 控制网络结构图

上位机工业计算机用来监视盾构机的运行状态，实时显示盾构机的各项运行参数，其与主 PLC 通过以太网进行通信并实时交换数据。在工业计算机上可设置相关参数、显示报警并能够进行历史数据记录，每天的掘进数据自动打包存储于计算机中，方便日后统计使用。地面可通过安装地面监控设备及软件实时监控盾构运行状况。

2）PLC 控制流程

实现盾构机 PLC 系统控制功能，主要有以下相关部件参与：

（1）人机界面：面板与上位机（参数设置、命令给定、数据显示）。

（2）控制单元：PLC（逻辑、连锁、运算、检测、控制）。

（3）供配电：变压器、空气开关、中间继电器、接触器（电能分配、转换）。

（4）执行部件：电机、液压阀（控制的输出）。

（5）传感器：压力、位移、温度、液位、接近开关等（检测及反馈）。

具体 PLC 开关量、模拟量检测与控制原理如图 2-106 和图 2-107 所示。

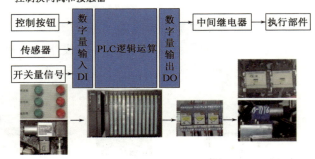

图 2-106　盾构机 PLC 开关量检测与控制原理图

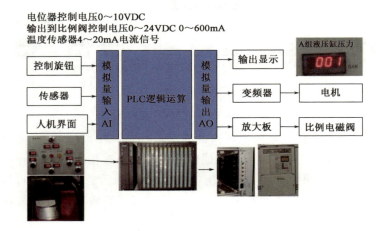

图 2-107　盾构机 PLC 模拟量检测与控制原理图

2.16　气体检测系统

气体检测系统是检测盾构机作业环境中氧气、有毒有害气体浓度的系统,如图 2-108 所示。

图 2-108　盾构机气体监测系统

2.17　消防系统

盾构施工中引起火灾的主要原因是动用明火,如电焊,割枪等引起易燃物着火,电气部件触头开关引起火花引起火灾,发热设备及电气部件等散热不良过热引起火灾,不良行为如吸烟等引起火灾等。考虑到以上因素,在电气元器件的选用上采用具有优良防火性能的产品,电缆采用具有耐油、耐磨、阻燃的热塑性聚氯脂(TPU)材料,加强各发热设备及电气部件的冷却散热,同时每节拖车的左侧及盾体内分别布置有手提式干粉灭火器。另外,在盾构机液压泵站和配电柜内设计有自灭火装置,拖车尾部安装有水幕装置,如图 2-109 所示。

图 2-109　盾构机消防系统

2.18 人舱、材料舱、中心锥

在盾构机隧道工程的施工过程中,为了进行维修工作,以及进行地质调查,工作人员需要进入开挖舱和掌子面区域,在一定的地质水文条件下,开挖舱内可能具有高于大气压的压力,为了能够使工作人员进入开挖舱和掌子面区域,且能保障人身安全,不发生施工事故,一般在盾构机中都配置有供人员进出土仓或泥水仓的气压过渡舱(即人舱)及供材料和刀具、工具进出土仓或泥水仓的气压过渡舱(即材料舱),如图 2-110 所示。

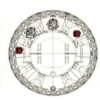

图 2-110　盾构机人舱、材料舱及其分布位置

对于常压刀盘,其中心锥与主驱动箱背部法兰连接,作为应急舱体。中心锥上布置有中心回转接头、物料通道、人员通道、平台以及各种水、电、气通道,如图 2-111 所示。

图 2-111　盾构机中心锥及其分布位置

第3章　盾构机设备维保及状态监测与评估

在盾构机设备管理中,采取规范的设备管理措施(如:定期进行设备维护保养、设备关键系统状态监测与评估等),有利于降低盾构机设备故障率,提高掘进作业效率。本章主要介绍了盾构机设备维保总体要求及各系统日常维保内容、盾构机油水检测及设备状态监测与评估技术。

3.1　盾构机设备维保总体要求

3.1.1　维保作业理念

盾构机维护保养应坚持"预防为主、养修并重"的原则,按照"清洁、润滑、调整、紧固、防腐"作业理念实施:

(1)清洁就是要求机械各部位保持外观整洁,达到"三无"和"四不漏",即无污垢、无碰伤、无锈蚀;不漏水、不漏油、不漏气、不漏电的要求。特别是液压系统、电气系统、盾尾底部管片安装区、主轴承内密封处、带式输送机及推进液压缸活塞表面等。

(2)"润滑"就是按照规定要求,选用并定期加注或更换润滑油,以保持机械运动零件间的良好润滑,减少零件磨损,保证机械正常运转。润滑是机械保养中极为重要的作业内容。同时在液压系统及润滑系统中润滑油的质量直接影响着元器件的寿命。如果润滑油中杂质过多,会导致精度较高的接触面磨损,无法形成良好的油膜,降低润滑效果。油水检测是指导及时更换油品确保润滑质量的重要手段,也是评估设备的磨损的重要依据。

(3)"调整"就是对机械众多零件的相对关系和工作参数(如:间隙、行程、角度、压力、流量、松紧、速度等)及时进行检查调整,以保证机械的正常运行。

(4)"紧固"就是要及时检查机体各部位连接件紧固情况。机械运动中产生的振动,容易使连接件松动,进而导致漏油、漏水、漏气、漏电等故障发生,部分关键部位的紧固螺栓松动,会改变部件的受力分布,进而导致零件变形,更严重者会出现零件断裂、分离,导致操纵失灵而造成机械事故。

(5)"防腐"就是要做到防潮、防锈、防酸,防止机械零部件和电气设备被腐蚀。

3.1.2 维保总体原则

盾构机设备出厂时随机资料里都配备了操作、维护指南。维护指南包含了对设备进行正确维护保养的必要解释和指导。在维护指南中指定的维护工作必须执行,以确保盾构机设备可靠和安全操作,减少停工时间,并避免人员伤害。维保人员必须遵守盾构机设备的操作指南及维护说明,其维护工作必须按照所描述的步骤执行。另外,必须注意维保人员人身安全,应做到:

(1)只有当机器停止操作时才进行维保工作。

(2)断开要维护的电气部件的开关,并悬挂作业指示牌。

(3)在液压系统维护之前必须关闭阀门和降压,必须防止液压缸的缩回和液压马达的意外运行。

(4)液压系统的维护必须注意清洁,严禁使用棉纱等易起毛的物品擦拭管接头内壁、油桶、油管等。

(5)电气系统要注意清洁、防潮,集成电路还要采取防止静电措施。

3.2 盾构机日常维保内容

3.2.1 刀盘

(1)选择合适地层进入开挖仓对刀盘结构及各部分的磨损情况进行检查。

(2)检查刀盘结构有无裂纹或脱焊情况,进行修复。

(3)检查刀盘面板、背部、刀座、搅拌臂、耐磨钢板和耐磨格栅磨损情况,必要时进行补焊修复。

(4)检查刀盘外圈及切口环处磨损情况,修复至原尺寸。

(5)检查泡沫、膨润土管路及喷口有无堵塞或破损,若出现堵塞或破损情况,应进行疏通或修复。

（6）检查仿形刀、磨损检测装置液压管路及接头有无漏油、管路有无破损，必要时进行更换。

（7）检查刀盘内搅拌棒的磨损情况，以及被动搅拌棒上的膨润土注入孔是否堵塞。

（8）定期利用专用设备检测刀盘面板厚度（常压刀盘）。

（9）定期进入中心锥检查各焊接部位是否有裂纹产生（常压刀盘）。

（10）定期进入中心锥内，检查刀盘驱动法兰连接处有无泥水渗漏（常压刀盘）。

（11）在有条件的情况下检查刀盘面板、各焊接部位是否有裂纹产生（常压刀盘）。

（12）定期检查密封座、刀筒、防后退装置等常压装置的固定螺栓是否松动（常压刀盘）。

（13）定期检查常压装置是否存在渗水、漏水等现象（常压刀盘）。

3.2.2　刀具

（1）选择合适地层进入开挖仓检查刀具磨损情况，根据地质情况决定是否换刀。

（2）根据刀具类型采用针对性磨损检测工具和方式，检查刀具磨损情况，视磨损情况选择更换刀具或位置调整。

（3）检查滚刀滚动情况和刀圈磨损量。

（4）检查刀具有无脱落现象，如存在所述现象应补齐刀具；作业条件允许时，应搜寻已掉落的刀具并移送至开挖仓外。

（5）检查刀具螺栓有无松动和脱落现象，应补齐缺损螺栓并按照额定扭矩对螺栓进行紧固。

（6）检查滚刀刀圈有无裂纹及弦磨现象，如存在所述现象应及时进行更换。

（7）检查滚刀刀体有无漏油、磨损、挡圈、断裂或脱落现象，如存在所述现象应及时进行更换。

（8）检查切削类刀具切削齿有无剥落或过度磨损现象，必要时更换。

（9）所有刀具安装件必须清洁，用钢刷清洁后，用干净的棉织品抹干后才可安装。

（10）仿形刀工作前应检查油箱油位，必要时加注液压油。

（11）定期对仿形刀做功能性测试，检查其伸出和收回动作的工作压力。

（12）检查刮刀的数量和磨损情况，如有丢失、脱落须立即补齐。

（13）根据常压滚刀、撕裂刀磨损检测传感器提供的实时反馈数据以及实际地质情况决定刀具是否更换。

（14）若常压刀具传感器发出警报，须停机检查。

（15）定期检查刀筒端盖、刀筒与密封座、密封座与刀盘面板螺栓是否松动、脱落。

（16）定期检查密封装置（密封座与刀盘结构结合面、闸门侧面）有无浆液渗漏。

（17）定期检查闸门液压缸接头、油管是否完好。

（18）每次使用前、使用后及时检查换刀工装是否完好。

3.2.3　中心回转接头

（1）检查中心回转的泡沫、膨润土、液压油管是否有渗漏现象，如有渗漏应及时进行处理。

（2）每天检查清理旋转接头部分的灰尘，防止灰尘进入主轴承内圈密封（此处是主轴承密封的薄弱环节，应特别注意）。

（3）经常检查旋转接头的通道是否有渗漏现象，如有渗漏应及时进行处理。

（4）检查中心回转接头润滑脂的注入情况，如有堵塞应及时处理。

（5）检查中心回转的转动情况，如有异常须立即停机并进行处理。

3.2.4　主驱动系统

1）主轴承

（1）每天检查主轴承齿轮油油位，并作记录。

（2）每天检查呼吸器是否干净，如有灰尘及时清理。

（3）每天检查驱动密封检测腔透明管是否有齿轮油或者油脂。

（4）定期检查齿轮油泵出口的压力表显示压力值，正常压力范围为5～30bar，过高或者过低需要分析原因。

（5）检查主轴承齿轮油温度，如温度不正常须立即停机并查找原因。

（6）检查主轴承齿轮油分配器工作是否正常。

（7）定期提取减速机及主轴承油样进行检测，根据检查报告决定是否需要更换油液或者滤芯。更换油液时，必须同时更换滤芯（新机运转200h后更换油液，如果是旧机，则建议每月取样检测，必要时更换）。

（8）定期检查齿轮油滤芯，并根据压差开关反馈的情况判断是否更换滤芯。

（9）检查主轴承密封（HBW）油脂分配器动作是否正常，脉冲计数器工作是否正常。

（10）每日必须检查主轴承内、外密封油脂挤出量及均匀度，如有异常及时检查迷宫密封缝隙是否堵塞，如有堵塞应及时清理。

（11）定期检查密封检测管是否有油脂及齿轮油出现，必要时立即停机检查内、外密封系统。

（12）定期检查主轴承与刀盘螺栓连接的紧固情况。

（13）检查主驱动铰接及回转中心计数情况，脉冲计数是否正常，并及时回收溢流出来的油脂。

（14）定期检查内外密封检测腔的液位情况，及时进行排查故障。

（15）定期检查内外密封齿轮油腔温度，避免油温过高。

2）主驱动减速机

（1）检查减速机油位，如油位过低应先找出漏油故障，解决故障后补充齿轮油。

（2）检查减速机温度是否在正常范围，观察冷却水流量是否正常，定期对冷却通道进行清洁。

（3）检查减速机的温度传感器，定期清除上面的污垢。

（4）定期检查刀盘制动情况（制动片磨损情况、制动压力是否正常）。

（5）在驱动部件故障后，应及时停止掘进，否则可能会使驱动电机、驱动减速机、扭矩限制器、驱动齿轮、主轴承、变频器等部件发生严重故障及损坏。

3）主驱动电机

（1）检查电机的工作温度和冷却水管。

（2）定期检查电机振动与听诊情况，并记录数据。

（3）定期检查电机的转速传感器和温度传感器，紧固其插头和连线。

（4）定期检查扭矩限制器是否正常，必要时进行维护。

（5）定期对电机轴承进行润滑，每次加注润滑油量 40g。如果条件允许，注脂时电机转速控制在 50% 额定转速；注脂完成后，电机再运转约为 5min（详见说明书）。

（6）盾构机推进过程中所有驱动电机必须正常工作，如有异常，须立即停止掘进，掘进停止后维修损坏部件。如不能马上维修损坏的电机，应先将驱动电机拆除。

3.2.5　推进/铰接系统

1）推进液压缸

（1）清理盾壳底部内的污泥和砂浆。

(2)检查推进液压缸撑靴有无损坏现象及靴板与管片的接触情况,视情况进行修复或更换。

(3)检查推进液压缸有无渗漏油现象,若有渗漏油应进行修复或更换。

(4)检查活塞杆有无划伤或电蚀。

(5)检查推进液压缸行程传感器工作状况,视情况进行修复或更换。

(6)推进液压缸球头部分加注润滑脂。

(7)检查推进液压缸油管接头有无渗漏油现象,若有渗漏油应进行修复或更换。

(8)检查推进液压缸伸缩功能,存在异常时须恢复。

(9)检查撑靴、球头润滑、稳定液压缸连杆是否正常。

2)铰接液压缸

(1)检查铰接液压缸有无渗漏油现象,若有渗漏油应进行修复或更换。

(2)检查铰接液压缸伸缩和释放功能,存在异常时须恢复。

(3)检查铰接液压缸行程传感器工作状况,视情况进行修复或更换。

(4)检查铰接密封处有无漏气和漏浆情况,必要时调整铰接密封的压板螺栓。

(5)铰接密封注脂,铰接液压缸的球头部分加注润滑脂。

(6)每环管片安装之前必须清理管片的外表面,防止残留的杂物损坏铰接密封。

3.2.6 螺旋输送机

(1)螺旋输送机维修时须停机并调整至维护模式。

(2)液压油路维修时须提前释放管路压力。

(3)检查螺旋输送机油泵有无漏油现象,如有漏油应进行处理并清洁。

(4)检查螺旋输送机油泵电机温度,如果温度过高应查明原因进行处理。

(5)检查螺旋输送机驱动及液压管路有无漏油现象,如漏油应进行处理,并注意清洁。

(6)检查螺旋输送机前、后仓门行程传感器和限位开关工作是否正常。

(7)检查螺旋输送机减速机油位,如果减速机油位过低应添加齿轮油。

(8)检查轴承,闸门,伸缩缸的润滑情况,及时添加润滑脂。

(9)检查螺旋叶片及轴磨损情况,如果磨损严重,应补焊耐磨层。

(10)测量螺旋输送机筒壁厚度,根据测量数据进行筒壁补强或其他方式处理。

(11)检查螺旋输送机驱动密封,如损坏需更换。

(12) 检查电路接线端子有无松动,如松动应紧固。
(13) 螺旋输送机减速机齿轮油取样检测,视情况进行油液更换。
(14) 用超声探测仪检查螺旋输送机筒壁厚度,记录检测数据并及时汇报。

3.2.7 带式输送机

(1) 带式输送机维修时必须停机并调整至维护模式。
(2) 检查皮带的磨损情况,如皮带磨损严重,即更换皮带。
(3) 检查带式输送机架有无变形、紧固机架是否连接螺栓。
(4) 定期对托辊、三联滚筒及回程滚筒进行检查,是否有卡死、磨损、变形、偏移及异响等异常情况,必要时进行更换,定期对轴承进行润滑。
(5) 检查皮带防偏和拉线急停装置是否正常。
(6) 检查主驱动轴承、张紧滚筒和主、副刮板状况。
(7) 检查皮带挡渣板有无磨损,及时调整或更换处理。
(8) 定期检查驱动减速机齿轮油油位并取样检测,视情况进行油液添加或更换。
(9) 检查皮带松紧情况,必要时增加皮带张力。
(10) 检查托辊滚动及润滑状况,添加润滑脂。
(11) 检查驱动电机温度、声音、振动情况。
(12) 检查各滚子和边缘引导装置的滚动情况,如滚动不好,即清洗并润滑。
(13) 定期对驱动减速机的温度、噪声、运转及固定螺栓进行检查。
(14) 定期对张紧液压缸油污进行清理,并对关节轴承进行润滑,直到油脂溢出。
(15) 定期对张紧装置进行清理、调整及润滑,检查钢丝绳是否破损、接头是否牢固、重锤箱升降是否顺畅。
(16) 定期对清扫器进行清理调整,确保清理效果;如果清扫器磨损至极限,要及时更换。
(17) 定期检查输送带表层是否磨损、撕裂,接头是否开裂,如有异常及时处理。
(18) 定期检查输送带张力是否合适,输送带是否跑偏,视情况进行调整。
(19) 定期对旋转连接进行检查、清理并视情况进行调整。
(20) 检查皮带防跑偏装置工作情况,若皮带跑偏需进行校正。

3.2.8 泥水环流系统

（1）检查泥水环流系统球阀、板阀的密闭情况，若密闭情况较差应进行功能恢复。

（2）检查泥浆泵盘根冲洗水泄漏情况，及时对盘根冲洗水异常的盘根压紧盘进行调整，必要时更换盘根密封。

（3）检查泥浆泵进出口压力传感器工作情况，出现异常时及时进行标定、修复或更换。

（4）检查泥浆泵泵壳、叶轮磨损情况，出现异常时修复或更换。

（5）检查伸缩管伸缩情况和进浆伸缩管行走装置工作是否顺畅，视情况修理或更换。

（6）检查膨润土安全阀和膨润土罐液位传感器工作是否正常。

（7）检查密度计和流量传感器的工作情况，确认密度、流量显示正确，必要时进行维修或更换。

（8）检查盾构机上泥浆管路磨损情况，视情况进行补强或更换。

（9）检查泥浆阀门工作情况，保持球阀冲洗水正常、阀门动作灵活且行程开关或接近开关显示准确、阀门无内泄外泄；如有问题及时处理。

（10）定期检测泥浆钢管磨损情况，尤其是弯头处，及时对磨损严重的部位进行补焊或更换。

（11）定期检查拖车之间泥浆软管的磨损情况，有破损及时更换，掘进一定距离后将软管旋转120°以延长其寿命。

（12）定期检查换管装置软管磨损量，掘进一定距离后将软管旋转120°以延长其寿命；观察泥浆软管滑靴是否损坏。

（13）定期检查管路延伸装置工作情况，观察行走驱动液压马达及链条是否正常，伸缩管液压缸是否正常。

（14）检查各泥浆泵磨损情况，并定期定量为泥浆泵轴承箱加注润滑脂。

（15）检查阀门是否处于全开或全关状态，严禁处于部分开闭状态。

3.2.9 管片吊装系统

1）管片/箱涵吊机

（1）检查清理管片吊机行走轨道，注意给链轮链条、齿轮齿条、钢丝绳、环链加润滑脂。

(2)检查控制盒按钮、开关动作是否灵活正常。必要时检修或更换。
(3)检查电缆卷筒和控制盒电缆线滑环,防止电缆卡住、拉断。
(4)定期检查管片吊具的磨损情况,必要时进行修理和更换。
(5)检查管片吊机行走和提升变速箱、链条、链轮、滚针轴承,必要时修复或更换。
(6)检查吊机行走轮,不能有偏磨、晃动和异响。
(7)检查吊机行走链条润滑和紧固情况,不得有干磨和螺栓松动等现象。
(8)检查吊机前后行走限位、防溜减振块,必要时更换。
(9)检查吊机吸盘密封条(若有),损坏时须更换。
(10)检查真空泵(若有)压力是否满足管片提升需求,管路有无损坏和堵塞。
(11)检查吊机传动轴和齿轮盘有无磨损和损坏现象,并修复或更换。

2)管片输送装置
(1)检查清理底部的杂物和泥土,防止行走轮等不正常损坏。
(2)每天给需润滑部位加注润滑脂。
(3)每天检查油管磨损情况,有损坏要立即处理。
(4)检查各部位液压缸有无泄漏,视情况进行修复或更换。
(5)检查输送小车轮,若轮子胶套松动和损坏时需更换。
(6)检查小车液压同步马达防护钢板有无脱焊和松动现象,若有需加固和校正。
(7)定期检查和调整同轴同步齿轮液压马达的工作情况。如果输送机顶升机构在空载时出现四个液压缸起升速度不均的情况,则表明同轴齿轮液压马达有可能内部密封损坏,应拆下清洗检查,更换损坏的密封件。

3)管片拼装机
(1)检查并清理工作现场杂物、污泥和砂浆。
(2)检查液压缸和管路有无损坏或漏油现象,如有故障应及时处理。
(3)检查油管的活动托架,如有松动和破损要及时修理和更换。
(4)定期(每周)给液压缸铰接轴承、旋转轴承、伸缩滑板等需要润滑的部位加润滑脂并检查公差和破损情况。(旋转轴承注油脂时,应加注一部分油脂后旋转一定角度,充分润滑轴承的各个部分)。
(5)定期检查管片拼装机旋转角度限位开关。
(6)检查抓取机构和定位销轴是否有破裂或损坏现象,若有必须立即更换。
(7)定期检测抓取机构的抓紧压力,必要时进行调整。
(8)检查抓举头抓紧报警功能,吸盘密封条(若有)存在损坏的需更换。
(9)检查油箱油位和润滑油液的油位。
(10)检查真空泵(若有)压力是否满足管片提升需求,管路有无损坏和堵塞。

3.2.10 注浆系统

(1) 每次注浆前应检查管路的畅通情况，注浆后应及时将管道清理干净，防止残留的浆液不断累积堵塞管道。

(2) 检查控制面板的显示及操作功能是否正常。

(3) 每次注浆前必须对注浆压力传感器进行检查，紧固其插头和连线。

(4) 注浆前要注意整理疏导注浆管，防止管道缠绕或扭转，从而增大注浆压力。

(5) 定期检查注浆泵和管路的使用及磨损情况，如发现泄漏或磨损严重应及时修理或更换。

(6) 定期对砂浆罐及其砂浆出口进行清理，防止堵塞。

(7) 检查砂浆罐搅拌叶片，对磨损部位进行焊修。

(8) 定期对注浆系统的各阀门和管接头进行检查，修理或更换有故障的设备。

(9) 定期对注浆系统的各运动部分进行润滑。

(10) 定期检查砂浆罐主轴自动润滑泵油脂储油量，并检查油脂是否正常注入到润滑点。

(11) 检查搅拌轴密封，有磨损且存在漏浆现象需更换。

(12) 经常检查注浆机水冷池的水位和水温，必要时加水或换水。注意防止砂浆或其他杂物进入冷却水池。

(13) 经常对 A 液罐、B 液罐及其出口进行清理，防止堵塞。

(14) 在清洗 B 液管路时，若 B 液滴漏至液压缸表面，须及时清理干净，防止 B 液形成结晶后不易清除。

3.2.11 油脂系统

1) 齿轮油润滑系统

(1) 每天检查主轴承齿轮油液位是否满足箱高的 1/2~2/3 要求。

(2) 检查齿轮油高压过滤器压差变送器是否损坏，是否需要清洗滤芯。磁性过滤器每 50h 清理一次。

(3) 每周检查齿轮油脉冲数是否正常。

(4) 打开加油堵头加注齿轮油，在液位到达中位偏上时停止加注。

2）油脂泵站

（1）检查油脂桶是否还有足够的油脂，如不够应及时更换。

（2）检查油脂泵站的油雾器液位，如低于低液位，加注润滑油（油雾器专用油）。

（3）检查主驱动润滑密封油脂泵、盾尾油脂泵的工作压力，将压力控制在要求值。

（4）检查油脂泵的气管是否有泄漏现象，如有泄漏应及时修理或更换。

（5）更换油脂桶时应对油脂量位置开关进行测试。

（6）检查盾尾油脂、HBW 及 EP2 气动泵吸盘密封、泵头密封处有无漏油、漏气现象。

（7）油脂泵托架手动换向阀是否完好。

（8）油脂桶更换必须严格按照盾构机说明书规定的程序执行。

3）主驱动密封系统

（1）检查管路、接头是否存在漏油现象，及时进行处理。

（2）检查 EP2 多点泵超声波液位传感器，并适时清洗多点泵进油滤芯。

（3）经常检查 HBW 气动球阀开、关动作是否正常。

（4）检查 HBW 内外密封液压马达分配器工作状况，如分配器发生堵塞应及时清洗疏通。

（5）每天经常检查 EP2 递进式分配阀是否正常工作，光电开关、脉冲计数器是否正常工作。

4）盾尾油脂系统

（1）检查电磁气动阀的管路、接头是否有漏气和漏油现象，必要时更换管路和接头。

（2）检查气管路上的油气分离器的油液位，必要时加注润滑油。

（3）定期将主控制室内盾尾油脂密封控制旋钮转到手动控制挡位，分别控制每路油脂管路检查单独工作情况，检查管路压力传感器工作是否正常。

（4）检查油脂管路气动阀工作状况，能否按照指令正常开关。

（5）检查清理气动阀体上的杂物，并做好防水保护。

（6）检查盾尾密封注脂次数或压力是否正常，否则应检查油脂管路是否堵塞。特别是重点检查气动阀是否正常工作。

（7）盾尾油脂注入口部的电磁气动阀较易发生故障，应经常进行检查，并清理堆积在阀体上的杂物，防止水进入阀体。

3.2.12　渣土改良系统

1）泡沫系统

（1）定期清洗泡沫箱和管路，清洗时要将箱内沉淀物和杂质彻底清洗干净。

（2）检查泡沫泵及其螺杆的磨损情况，必要时更换磨损的组件。

（3）检查泡沫水泵出口减压阀、泡沫水泵的工作情况，必要时更换或修复。

（4）检查泡沫发生器流量传感器、流量计的工作状况是否正常，检查液体电动开关动作开闭状况是否正常，如有必要进行维修或更换。

（5）检查压缩空气管路情况，必要时清洗管路。

（6）定期检查旋转接头处的泡沫管路有无堵塞。当注入压力与其他管路相比明显偏高时，说明管路已经发生部分堵塞，要及时对管路进行清理。

（7）每天需要打开电动调节阀与热式质量流量计之间的放水球阀进行排水，排水的同时手动打开电动调节阀用，压缩空气冲刷；定期检查空气减压阀，保证压力范围为 5～7bar。

2）膨润土系统

（1）检查膨润土泵工作是否正常，定期添加轴承和传动部件的润滑油。

（2）检查膨润土系统管路磨损情况，必要时修复和更换。

（3）检查油水分离器和气管路，定期给油水分离器加油。

（4）检查流量传感器、压力传感器、气动球阀和液位传感器的工作情况并进行功能恢复。

（5）检查膨润土搅拌轴密封，如有渗漏需进行更换。

（6）检查膨润土管路，清理管路的弯道和阀门部位，防止堵塞。

（7）定期清理膨润土箱和液位传感器。

（8）依据油品检测情况更换挤压泵驱动减速机和搅拌减速机齿轮油。

（9）每天对膨润土泵软管涂抹硅脂。

3.2.13　工业气体系统

（1）空压机的所有维护保养工作必须在停机并卸压的状态下进行；应采取措施避免由于疏忽而使空压机启动，应断开启动电源，并在启动装置上悬挂指示牌"正在检修"，禁止启动。

（2）检查空压机管路的泄漏和出气口的温度，如有异常应及时排查。

（3）保持机器的清洁，防止杂物堵塞顶部的散热风扇。

（4）每周检查一次冷却油罐液位，确保空压机的润滑冷却。

（5）不定期地检查皮带及各部位螺栓的松紧程度，如发现松动及时拧紧。

（6）一般工作4000h后，更换空气滤清器（空气滤清器应按使用说明书正常清理或更换，滤芯为消耗品）、润滑油、油过滤器。

（7）定期对空压机的电机轴承进行润滑，根据电动机的保养规程操作。

（8）定期检查承受高温的零（部）件。

（9）在任何情况下，都不应使用易燃液体清洗阀、冷却器的气道、气腔、空气管道以及正常情况下与压缩空气接触的其他零件。在用氯化烃类的非可燃液体清洗零部件时，应注意将残液清理干净，防止开机后排出有毒有害蒸气。不允许使用四氯化碳作为清洗剂。

（10）空压机前面板上的液晶显示屏能显示一些常规故障和故障提示信息，一般情况应按其提示的内容进行维保工作。

（11）机器各部件的总体保养为每年一次。

（12）用于气体保压的储气罐是压力设备，要经常检查其泄漏情况并及时处理；储气罐的泄水阀应每天排除油水，在湿气较重的地方，应增加排水频率。

（13）经常检查管路和阀门有无泄漏现象，并及时进行修复。

（14）经常检查空气管路上的油水分离器，及时清洗并加油。

（15）定期检查各个气体三联件及减压阀的设定值是否满足工况要求。

（16）切勿在超压和超速下使用本设备，与空气压缩配套部件（如储气罐）必须设计安全阀，且工作压力不得超过额定工作压力。空压机的转向应和皮带防护罩上箭头指示方向相同。

（17）定期检查压力表、安全阀、压力调节器等安全装置工作情况；定期将压力表、安全阀和储气罐委托专业厂家检验和标定。

3.2.14　循环水系统

（1）检查各水泵工作情况，如有故障应及时修理。

（2）检查水管卷筒、软管工作情况，如有损坏应及时修理；并对易损坏的软管作防护处理。

（3）检查水管卷筒的电机、变速器及传动部分，如有必要加注齿轮油并为传动部分加注润滑脂。

（4）检查水系统过滤器，定期清洗滤芯。

（5）定期检查热交换器工作情况，并清除上面的污物。

（6）检查所有的水管路，修理更换泄漏、损坏的管路闸阀。

(7)检查进水口压力(控制在 4~10bar)和温度(不高于 28℃),如压力过低或温度过高,应检查隧道内的进水管路的闸阀、水泵及冷却器工作是否正常。

(8)检查水管路上的压力和温度指示器,如有损坏及时更换。

(9)增压泵及内循环水泵在停机时间较长后,启动前需要将泵出口手动球阀关闭,启动泵后待出口压力表达到设计压力时再打开手动球阀,并打开排气阀排气。

(10)经常检查内循环水泵的压力是否在 3~5bar,如果压力低于 3bar,需要调整泵出口球阀开度将压力调整到允许范围内。

3.2.15　液压系统

(1)检查油箱油位,油位不足应及时加注液压油。

(2)检查阀组、管路、液压缸和冷却器有无损坏或渗漏现象,如有须及时处理。

(3)新机始发 200m 后,应检查并更换循环过滤器及回油过滤器滤芯,定期检查所有过滤器工作情况,并根据检查结果和压差传感器的指示更换滤芯;滤清器滤芯更换必须严格按照盾构机说明书规定的程序执行。

(4)定期取液压油样送检,油品检测不合格需及时进行油液更换。

(5)检查液压油泵的工作声音,发现异常时应及时停机检查。

(6)检查液压油泵、液压马达和油箱的温度,发现异常要及时检查处理。

(7)检查液压油管的弯管接头,发现松动时要及时上紧。

(8)检查冷却器的冷却水进/出水口的温度和油液的温度,必要时清洗冷却器的热交换器。

(9)定期检查液压系统的压力,并与控制室面板显示值相比较。

(10)在对液压系统维修前,必须确定液压系统已停用并已经卸压。

(11)液压油品加注及更换必须严格按照盾构机说明书规定的程序执行。原则上采用厂家推荐的品种,禁止将不同规格品牌的油品混合使用。每次加油前必须对所选用的油品进行抽样检测,检测合格方可使用。

(12)液压系统维修过程中应采取适当的方式避免污染油液,必须保持液压系统的清洁。维修工作结束后,在重新启动前必须确定所有的阀门已打开。

(13)检查液压油管情况,被碾压或过度弯曲的油管应及时进行调整或更换。

(14)定期检查呼吸器运行情况,干燥剂颜色从红色变成橙色必须更换。

(15)定期检查蓄能器的工作状态,严禁在蓄能器上打孔、焊接及接近火源,蓄能器释放压力必须按使用说明书中所述方法操作。

3.2.16 电气系统

1）高压电缆

（1）检查高压电缆有无破损现象，如有破损要及时处理。

（2）检查高压电缆铺设范围内有无可能对电缆造成损坏的因素，如有要及时采取防范措施。

2）电缆卷筒

（1）高压电缆长时间存放再次启用时，应先进行绝缘耐压检测。

（2）检测自动收放是否灵活，定期对驱动电机进行保养。

（3）检查电缆导向轮是否转动正常。

3）变压器

（1）对变压器进行维护保养时应遵循安全规程，必须把变压器与高、低压电网断开，把变压器的所有端子短接后接地。

（2）变压器的维护工作主要是除尘，尤其是除去绝缘表面的积尘，以免降低冷却效果和降低绝缘水平。操作人员可按变压器使用说明书内的维护保养程序对其进行保养。

（3）在潮湿低温气候下停电检查，应避免在线圈表面有凝露的情况下再送电。

（4）建立定期对变压器进行维护保养的制度，建议第一次维护保养工作可在变压器送电 1 个月后进行。

4）配电柜

（1）检查配电柜电压和电流指示是否正常。

（2）检查电容补偿控制器工作是否正常。

（3）检查补偿电容工作时的温升情况，温度是否在允许的正常范围内。

（4）检查补偿电容有无炸裂现象，如有需要更换。

（5）检查补偿电容控制接触器的放电线圈有无烧熔现象，接线端子应定期检查紧固（建议每三个月紧固一次），如有松动或烧熔要尽快更换。

（6）检查配电柜内的温度是否正常，检查配电柜制冷机是否正常工作，检查制冷机的冷却水流量是否正常。

（7）检查低压断路器过载保护和短路保护是否正常。

（8）检查大容量断路器和接触器工作时的温升情况，如温度较高说明触点接触电阻较大，需要进行检修或更换。

（9）检查柜内软启动器，变频器显示是否正常。

(10)对主开关定期进行 ON/OFF 动作试验,检查其动作的可靠性。

(11)经常对配电柜及元件进行除尘。

(12)定期对电缆接线和柜内接线进行检查,必要时进行紧固。

5) PLC 系统

(1)检查 PLC 插板是否松动。

(2)检查 PLC 连接线是否松动,及时紧固松动的接线端子。

(3)检查 PLC 通信口插头连接是否正常。

(4)定期清洁 PLC 及控制柜内的灰尘。

(5)定期进行 PLC 的冷启动。

(6)备份 PLC 程序。

6) 上位机

(1)检查上位机与 PLC 的通信线连接是否可靠。

(2)定期清洁上位机和控制柜内的灰尘。

(3)备份上位机的程序。

7) 控制面板

(1)检查面板内接线的安装状况,必要时进行紧固。

(2)定期清洁灰尘(注意防水)。

(3)定期检查按钮和旋钮的工作情况,如有损坏及时更换。

(4)检查控制面板上的 LED 显示是否正常。

(5)定期对控制面板上的 LED 显示进行校正。校正时要使用标准信号发生器,先校正零点再校正范围,二者要反复校正。

(6)定期对推进液压缸行程显示与液压缸实际行程进行测量校对,如有误差应及时校准。

8) 传感器

(1)检查各种传感器的接线情况,必要时紧固接线、插头、插座。

(2)清洁传感器,特别是接线处或插头处要清洁干净,防止水和污物造成故障。

(3)检查传感器的防护情况,必要时须采取防护措施,防止损坏传感器。

(4)定期用压力表对压力传感器在控制面板上的显示情况进行检查和校准。

3.2.17 通风系统

(1)检查洞内通风机工作是否正常,有无异常声响。

(2)定期检查风机叶片固定螺栓有无疲劳裂纹和磨损。
(3)定期检查、润滑电机轴承(按保养要求时间和方法进行)。
(4)检查风筒吊机电机减速面的运行情况。
(5)根据掘进情况及时延伸和更换风管,检查风管有无破损现象,如有损坏及时修补或更换。
(6)定期检查有害气体检查仪,每运输一次标定一次和每半年标定一次。
(7)起吊风筒后需要加装固定螺栓,防止坠落。

3.2.18 气体检测系统

(1)检查气体检测仪器的工作状态。
(2)清理仪器的检测通气口。
(3)检查气体检测结果显示。

3.2.19 人舱系统

(1)检查测试声能电话和有线电话。如有故障或损坏要及时修理或更换。
(2)检查压力表、压力记录仪、空气流量计、加热器、照明灯等工作是否正常。
(3)检查舱门的密封情况,首先清洁密封的接触面,如有必要可更换密封。
(4)清洁整个人舱。
(5)检查刀盘操作盒操作是否正常。
(6)清洗消声器和水喷头。
(7)人舱使用后如近期不再使用,可将人舱外部的压力表、记录仪拆除,并将其清理干净妥善保管以备下次使用。
(8)将人舱清洗干净,并将人舱门关紧。
(9)初次使用前应委托专业厂家进行人舱气密性试验。

3.2.20 后配套拖车

(1)经常检查拖车行走机构的工作情况,及时加注润滑脂,如拖车轮对有卡死或损坏现象应及时进行修复或更换。
(2)定期检查各拖车间的连接销、连接板,防止意外断裂或脱开。
(3)经常检查拖车走行机构的跨度与钢轨的轨距是否合适,不合适应及时调整。

（4）检查所有结构件有无变形、脱焊、裂缝、脱落等现象并进行恢复。

（5）检查拖车人员行走平台是否平整，紧固连接螺栓和安全围栏。

（6）经常检查尾部拖动平台的包胶轮是否脱胶，以便及时更换。

3.3 盾构机油液监测

3.3.1 监测项目

设备润滑人员应定期检查盾构机齿轮油和液压油外观并记录油压、油温和油位，定期记录油系统过滤器压差变化情况。若发现异常情况，应取样检测，检测项目及检测周期参考表3-1执行。

盾构油液监测项目及周期　　　　　　　　　　表3-1

检测类别	监测项目	监测周期	备注
监测分析	外观、运动黏度（40℃）、酸值、水分、污染度、元素分析、分析铁谱	3个月/6个月	根据设备运行状况，可随时进行油液监测
全面分析	外观、运动黏度（40℃）、酸值、铜片腐蚀、液相锈蚀、抗乳化性、机械杂质、空气释放值、泡沫特性、水分、污染度、元素分析、PQ指数（机械磨损指数）、直读铁谱、分析铁谱	1年	

3.3.2 质量标准

（1）盾构机液压系统在用液压油的质量标准参考表3-2执行。

盾构机在用液压油质量标准　　　　　　　　　　表3-2

监测项目	质量标准	警戒值	异常值	检测方法
外观	透明，无杂质或沉淀物	浑浊，有杂质或沉淀物	乳化，变黑	目测
40℃运动黏度变化率（%）	不超出新油的±15ª或不超出黏度等级中心值的±15	超出新油的±15ª或超出黏度等级中心值的±15	超出新油的±20ª或超出黏度等级中心值的±20	GB/T 265—1988 GB/T 11137—1989
酸值（mg/g）	<0.6，增长值不超过0.3； ≥0.6，增长值不超出新油测定值的50%	<0.6，增长值超过0.3； ≥0.6，增长值超出新油测定值的50%	<0.6，增长值超过0.6； ≥0.6，增长值超出新油测定值的100%	GB/T 7304—2014

续上表

监测项目	质量标准	警戒值	异常值	检测方法
铜片腐蚀 100℃,3h	≤2ª	>2ª	>4ª	GB/T 5096—2017
液相锈蚀 A法	无锈	轻微锈蚀或中等锈蚀或严重锈蚀	—	GB/T 11143—2008
抗乳化性 (min)	≤60	>60	—	GB/T 7305—2003
机械杂质 (m/m)	≤0.005	>0.005	>0.05	GB/T 511—2010
空气释放值 50℃(min)	≤10	>10	—	SH/T 0308—1992
泡沫特性 程序Ⅰ 24℃ (mL/mL)	≤300/10	>300/10	—	GB/T 12579—2002
程序Ⅱ 93.5℃ (mL/mL)	≤50/10	>50/10	—	
程序Ⅲ后 24℃ (mL/mL)	≤300/10	>300/10	—	
水分 (%)	≤0.05	>0.05	>1.0	GB/T 260—2016 GB/T 11133—2015
污染度 NAS 1638 等级; SAE AS 4059F 等级	≤12	>12	—	GB/T 37163—2018 DL/T 432—2018 ISO 11500
污染度 ISO 4406 等级	≤ -/21/17	> -/21/17	—	

续上表

监测项目		质量标准	警戒值	异常值	检测方法
元素分析	Fe（mg/kg）	≤10	>10	>30	GB/T 17476—2023 ASTM D5185
	Cu（mg/kg）	≤15	>15	>30	
	Pb（mg/kg）	≤5	>5	>15	
	Cr（mg/kg）	≤5	>5	>15	
	Sn（mg/kg）	≤5	>5	>15	
	Al（mg/kg）	≤5	>5	>15	
	Si（mg/kg）	≤10	>10	>30	
PQ 指数		≤20	>20	>50	ASTM D8184

注：a 表示对于有新油数据的样品，采用新油作为参比油计算变化率；如没有新油的数据，采用 ISO 黏度等级中心值作为参比计算变化率。

（2）盾构机主驱动齿轮油的质量标准参考表 3-3 执行。

盾构机主驱动齿轮油质量标准　　　　表 3-3

检测项目	质量标准	警戒值	异常值	检测方法
外观	透明，无杂质或沉淀物	浑浊，有杂质或沉淀物	乳化，变黑	目测
40℃运动黏度变化率(%)	不超出新油的 ±15[a] 或不超出黏度等级中心值的 ±15	超出新油的 ±15[a] 或超出黏度等级中心值的 ±15	超出新油的 ±20[a] 或超出黏度等级中心值的 ±20	GB/T 265—1988 GB/T 11137—1989
酸值（mg/g）	增加值<1.0	增加值>1.0	增加值>2.0	GB/T 7304—2014
铜片腐蚀 100℃,3h	≤2[a]	>2[a]	>4[a]	GB/T 5096—2017
液相锈蚀 B 法	无锈	轻微锈蚀或中等锈蚀或严重锈蚀	—	GB/T 11143—2008
抗乳化性 82℃(min)	≤60	>60	—	GB/T 7305—2003
机械杂质（m/m）	≤0.10	>0.10	>0.50	GB/T 511—2010
水分(%)	≤0.10	>0.10	>1.0	GB/T 260—2016 GB/T 11133—2015

续上表

检测项目		质量标准	警戒值	异常值	检测方法
元素分析	Fe(mg/kg)	≤200	>200	>500	GB/T 17476—2023 ASTM D5185
	Cu(mg/kg)	≤15	>15	>50	
	Cr(mg/kg)	≤10	>10	>30	
	Al(mg/kg)	≤10	>10	>30	
	Si(mg/kg)	≤30	>30	>80	
PQ 指数		≤150	>150	>500	ASTM D8184

注:a 表示对于有新油数据的样品,采用新油作为参比油计算变化率;如没有新油的数据,采用 ISO 黏度等级中心值作为参比计算变化率。

3.4 盾构机状态监测

3.4.1 状态监测内容

盾构机设备状态监测内容见表 3-4。

表 3-4 状态监测内容

监测部位	温度监测	内窥镜检查	振动检测	压力监测	噪声监测	壁厚监测
主轴承	√	√	√			
主驱动液压马达	√		√			
减速机	√		√			
液压泵站	√		√	√	√	
混凝土输送泵	√		√	√		
泵站电机	√		√			
带式输送机滚筒	√					
螺旋输送机筒体						√
螺旋输送机驱动	√		√			
空压机	√					

注:"√"表示监测项。

3.4.2 技术指标

(1)振动

盾构机的振动应符合国家标准《机械振动 在非旋转部件上测量评价机器

的振动 第3部分:额定功率大于15kW额定转速在120r/min至15000r/min之间的在现场测量的工业机器》(GB/T 6075.3—2011)相关规定。

（2）温度

温度检测标准为:油箱温度<55℃,泵、液压马达、电机和减速机的温度应<75℃。

（3）其他指标

流量、压力、电流、电压等指标应符合该设备设计要求。

3.4.3 监测周期

盾构机设备状态监测周期见表3-5。

盾构机状态监测周期　　　　　　　表3-5

序号	设备名称	温度(℃)	振动测试(日历天)	运转参数(如电流、压力等)检查(日历天)
1	主轴承	30	30	7
2	主电机	30	30	7
3	变速器	30	30	7
4	主泵站	30	30	7
5	其他泵站	30	30	7
6	空压机	30	30	7
7	水泵电机	15	15	7
8	带式输送机	15	15	7

3.4.4 监测方法

1）振动监测

振动监测按照国家标准《机械振动 在非旋转部件上测量评价机器的振动 第3部分:额定功率大于15kW额定转速在120r/min至15000r/min之间的在现场测量的工业机器》(GB/T 6075.3—2011)规定要求执行。

振动监测点应为电机的前后轴承位置(图3-1)、减速机的齿轮箱位置(图3-2)和主轴承部位(图3-3)。

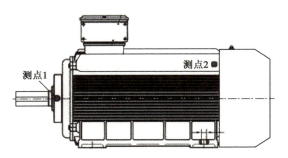

图 3-1　电机振动测点布置图

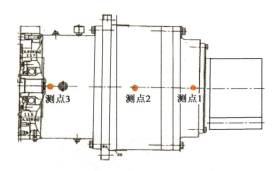

图 3-2　减速机振动测点布置图

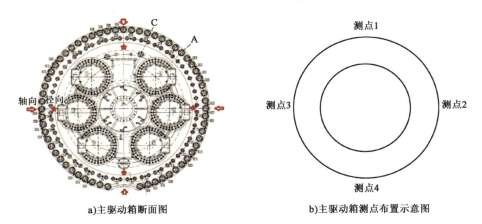

a) 主驱动箱断面图　　　　　　b) 主驱动箱测点布置示意图

图 3-3　主轴承振动测点布置图

2) 压力监测

(1) 压力流量监测使用仪器为压力表。

(2) 压力监测点应为液压泵的出口管路。

(3)压力监测结果须达到设备说明书要求。

3)噪声检测

(1)现场噪声检测,常用普通声级计(也叫噪声计)检测设备的噪声。

(2)根据设备尺寸,确定测点位置。设备检测的设备最大尺寸为 D,其测试点的位置如下:

$D<1m$ 时,测试点离设备表面为 30cm。

$D=1m$ 时,测试点离设备表面为 1m。

$D>1m$ 时,测试点离设备表面为 3m。

4)温度监测

(1)温度监测由检测人员采用手持式红外线测温仪对预先设定的测点进行数据采集(图 3-4、图 3-5)。

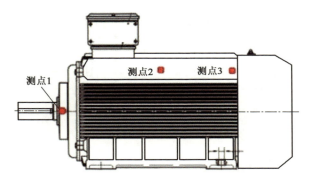

图 3-4　电机温度测点布置图

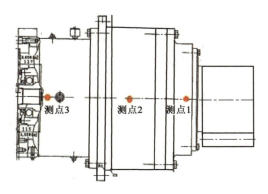

图 3-5　减速机温度测点布置图

(2)温度检测结果应符合该盾构机设备设计要求。

3.5　盾构机状态评估

3.5.1　评估时机

(1)盾构机始发前。
(2)盾构机使用过程中(根据现场实际需求,长大区间、风险地带等)。
(3)盾构机贯通前。

3.5.2　评估内容

盾构机状态评估的内容主要分为油水检测、状态监测、功能测试和系统检查四部分。

3.5.3　评估方法

(1)盾构机设备机况评估中油液检测工作由委托方将样品送至具备相应检测资质的实验室进行检测。
(2)盾构机状态监测部分由检测人员携带检测设备至现场进行数据的采集。
(3)盾构机功能测试和系统检查部分由检测人员按照随机设计的系统功能测试表及相应方法进行现场测试。

3.5.4　评估用仪器仪表

(1)盾构机设备状态评估用仪器仪表应按规范要求委托专业校准。
(2)仪器仪表包括:钢卷尺、钢板尺、直角尺、秒表、压力表、兆欧表、接地电阻仪、照度仪、声级计、内窥镜、红外线温度计、气体检测仪、温湿度计、风速仪及油水检测和状态监测设备等。

3.5.5　数据采集要求

评估检测时,单项数据采集应不少于3次,并取平均值。

3.5.6　功能测试内容

盾构机状态评估中的功能测试、系统检查具体内容按照该盾构机设备随机技术、企业相关标准等要求进行。

第4章 盾构机设备常见故障与处置方法

在施工过程中盾构机各系统设备故障现象表现不一,对盾构机设备常见故障与处置方法进行归纳总结,有利于现场设备维保人员快速解决、预判及预防设备常见故障。本章主要介绍盾构机设备故障来源、设备故障分类与处理方法、设备故障处置安全注意事项以及设备常见故障与处置方法等。

4.1 设备故障来源

盾构机设备故障一般是指非正常磨损、异常操作、改变其功能、超负荷运行、设计不合理、维保不到位等导致设备失去或降低其规定功能的事件或现象,表现为设备运行异常,某零部件失去原有的精度或性能,使设备不能正常运行、技术性能降低,致使设备中断生产或效率降低而影响生产。

4.2 设备故障分类与处理方法

4.2.1 设备故障分类

盾构机设备故障类型主要分为三大类:条件类故障、机械类故障和逻辑类故障,具体介绍如下:

(1)条件类故障

当盾构机各系统的连锁条件一旦未满足 PLC 程序设定要求,则相关操作指令无法正常执行。常见盾构机各系统联锁条件见表 4-1。

常见盾构机各系统联锁条件　　　　　　表 4-1

序号	系统名称	联锁条件	联锁内容
1	过滤循环冷却系统	（1）过滤循环电机启动条件； （2）内循环水电机启动条件	（1）油箱实际液位高于低液位开关，启动后过滤循环电磁阀得电 5s 后断开； （2）内循环水罐液位高于液位开关
2	油脂系统	（1）齿轮油电机启动条件； （2）EP2 油脂桶气动电磁阀得电条件； （3）多点泵运行条件； （4）HBW 油脂桶气动电磁阀得电条件	（1）齿轮油温度小于报警值、齿轮油液位高于油杯液位开关、刀盘模式选择完成、在调试模式下选中齿轮油即可跳过刀盘模式选择； （2）本地控制盒模式选择工作模式、油脂桶的限位开关处于闭合状态、多点泵低液位开关断开； （3）油脂桶内液位高于最低液位、刀盘、螺旋输送机的主控室或本地模式选择完成、在调试模式下选中 EP2 油脂即可跳过模式选择； （4）本地控制盒模式选择工作模式、油脂桶的限位开关处于闭合状态、刀盘主控室或者本地的控制模式选择完成，左右转，高低速等、在调试模式下选中 HBW 按钮即可跳过上述模式的选择
3	主驱动系统（液驱）	（1）控制泵电机启动条件； （2）补油泵电机启动条件； （3）主驱动泵电机 1～3 号启动条件； （4）刀盘旋转条件	（1）油箱液位高于液位开关，此时注意：在主驱动电机、螺旋输送机电机运行时，控制泵无法关闭；控制泵加载阀在控制泵电机正常运行后得电； （2）油箱液位高于液位开关时注意：在主驱动电机、螺旋输送机电机运行时，补油泵无法关闭；补油泵加载阀在电机运行 2s 后断电加载； （3）油箱液位高于液位开关、控制泵电机正常运行、油箱温度正常，低于报警值、刀盘急停按钮正常、刀盘急停安全继电器正常、20bar ≤ 补油泵压力 X ≤ 35bar、电机热敏电阻正常； （4）主驱动泵电机 1～3 号正常运行、补油泵电机正常运行、油箱温度正常、刀盘冷却水流量开关正常、油脂系统正常、滚动角正常

续上表

序号	系统名称	联锁条件	联锁内容
4	推进系统	（1）推进泵电机启动条件； （2）推进模式允许条件； （3）推进模式下，液压缸伸出条件； （4）拼装模式下，液压缸伸出条件； （5）拼装模式下，液压缸回收条件	（1）铰接液压缸行程小于最大设定值、油箱液位高于最低液位开关、油箱温度正常，即小于报警值、拼装机安全继电器正常、辅助液压系统安全继电器正常、管片小车急停按钮正常； （2）刀盘实际转速大于或等于最低转速设定值、盾尾密封油脂手动/自动模式选择完成、刀盘压力小于设定最大值、后配套拖拉压力值小于最大设定值、后配套拖拉伸出限位开关断开、盾体滚动角正常、贯入度（推进速度/刀盘转速）小于最大设定值； （3）满足推进模式运行时，液压缸伸出电磁阀得电； （4）遥控器上按下单个液压缸的伸出按钮，该组液压缸的拼装加载阀得电，单个液压缸伸出电磁阀得电； （5）遥控器上按下单个液压缸的回收按钮，该组液压缸的拼装加载阀得电，单个液压缸的卸荷阀、快收阀、回收阀得电
5	拼装系统	（1）拼装机电机启动条件； （2）拼装机旋转释放条件	（1）拼装机安全继电器正常、油箱液位高于最低液位开关、油箱温度正常，电机正常运行后拼装机加载阀得电运行； （2）带管片的情况下，遥控器上按下抓取头锁定位且抓取头压力开关正常（即抓紧时工作压力必须达到设定值，PLC 才允许执行工作），不带管片的情况下，拼装泵正常运行即可，左右旋转时，旋转角度不超过设定值，即可正常旋转

条件类故障排除思路：结合面板和上位机显示检测；液压系统与电气相结合检查；PLC 输出点位的检查（测量接线端子和元件的信号、执行线路故障代替法检查），测量控制电压和电流、调换阀组插件试验等。首先排除操作不当造成的系统故障（检查上位机报警记录、系统运行条件，如：推进系统，辅助系统条件是否满足、上位机设置是否正确、铰接位移是否在允许范围之内、温度、压力、刀盘转速等）推进速度和压力的配合、旋钮放大板比例阀的故障等。

（2）机械类故障

对于机械类故障检测方法主要有：看、听、闻。如：皮带是否跑偏、推进液压缸的撑靴是否有故障、各连接处螺栓是否松动、电缆行走和循环水路是否正常、管线是否断裂等问题可通过眼睛观察发现；主驱动减速机、带式输送机主从动滚筒、电动机等转动部件是否正常很容易就可听出来；皮带磨损出现异味、电线是否烧坏等故障通过气味来识别。

(3)逻辑类故障

逻辑类故障综合处置难度相对最大,维保人员必须要熟悉和了解盾构机液压和电气控制原理,采用逻辑思维方法,根据系统液压及电气关联分析查找原因,逐步排除。

4.2.2 常见元件故障诊断及处置

盾构机设备故障处理应遵循"先简到繁、由外而内、先一般后特殊"的原则,常用方法包括:元件替换法、手动测试法、范围缩小法和综合分析法。常见设备元件的故障诊断及排除方法见表4-2。

盾构常见元器件故障诊断及排除方法 表4-2

序号	元件类型	故障诊断及排除方法
1	电机	(1)若电机不转,并伴有"嗡嗡声",或转得很慢,应立即断电,此故障是缺相的典型表现,可检查三相电压是否保持一致,接触器三相触头或电机接线端子是否有一个烧坏,电机接线是否有一根松动未接牢;若上述检查均无异常,则检查电机绕组电阻三相是否一致,若不一致则判定电机损坏,需更换;一致则表明电机无问题,应考虑机械负载超限导致堵转,应卸载后再通电调试、排查。 (2)若电机频繁跳停,则用万用表检查电机三相绕组对地电阻,检查电机是否漏电;三相电流值是否过大,造成热继电器动作引起跳闸
2	液压泵	(1)确认泵是否转动。若不转,则需要检查电机;若电机不转,见电机故障诊断及排除方法;若电机转而泵不转,则拆检联轴器,更换损坏的联轴器;若泵转,则检查转向是否正确,若不对则反电机转向;检查泵进油口是否畅通,确认其畅通;检查泵体是否发热,是否伴有异响,若有则泵可能损坏,需检修或更换。 (2)若上述情况均正常,又排除了系统其他问题,那可能泵未调好,应由专业厂家对泵上的控制机构进行重新标定、调节
3	液压马达	若液压马达转动,但转动时存在异常声音、发热、漏油等非正常情况,可能液压马达已经损坏,更换液压马达。确认系统是否正常。在系统正常的情况下,若液压马达不转,须报专业检修
4	电磁换向阀	确认线圈插头是否有电。若插头无电,则检查线圈供电是否正常;若插头有电,再检查线圈阻值是否正常、插头接触是否良好。若阻值不正常,则线圈损坏,需更换线圈;若阻值正常,则手动顶推电磁换向阀阀芯,若系统有动作,可能是阀芯卡滞引起,多动几次应可排除,否则表明阀芯已损坏,需检修或更换
5	溢流阀	(1)若系统无压力,在确认系统正常的情况下,调整溢流阀,观察压力是否变化;若无变化,表明溢流阀可能已损坏,需修复或更换;若压力有变化,但存在压力抖动情况,可能阀芯卡滞引起,多动几下应该可以排除。 (2)若仅溢流压力与图纸设计要求不符,则调整至正常即可

续上表

序号	元件类型	故障诊断及排除方法
6	传感器	（1）物理信号输入部分：如钢丝绳是否卡住、断掉，传动轴是否打滑，油压毛细管是否脱落、堵塞，是否拧紧，有否空气。 （2）信号变换输出部分：变送器电源供应是否正常，输出信号线接触是否良好，插头内是否断线，可用万用表串在线路中检测是否有 4～20mA 电流；检测传感器上是否有直流电源或直流电压。如有直流电源或直流电压且线路正常但没有电流，或电流很大（超出 35mA），则判断传感器损坏，需更换

4.3　设备故障处置安全注意事项

4.3.1　焊接作业

1）一般规定

（1）焊接作业人员，必须经过专业安全技术培训，且考试合格，持有"特种作业操作证"。非电焊工严禁进行电焊作业。

（2）焊接作业人员操作时应穿电焊工作服、绝缘鞋并戴电焊手套、防护面罩等安全防护用品，高处作业时系安全带，在进行焊接、磨切和分离作业时，需对精密元器件进行防护，并确保作业场地附近没有任何易燃物。

2）注意事项

（1）在有限空间作业时，应采取通风措施，照明电压不得超过 12V。焊接时必须设专人监护，监护人应熟知焊接操作规程和抢救方法。

（2）进行焊接工作时，注意尽可能让搭铁线与焊接地点靠近，原则上二者距离不能超过 1m。搭铁线头严禁浮搭，必须固定、压紧，任何情况下不允许电流通过液压缸、轴承（尤其是主轴承）或导向器。

（3）禁止在起重运行工件下面进行焊接作业。

4.3.2　空气、水系统

空气、水系统维修前关闭相应的阀门，并释放管中压力。

4.3.3　压缩空气环境下作业

压缩空气环境下作业可参考《盾构法开仓及气压作业技术规范》（CJJ 217—

2014）相关规定，该标准规定了压缩空气环境下工作人员的工作时间和在此环境下的工作程序。

4.3.4 在泥水仓或中心锥内工作

当工作人员在泥水仓/土仓工作时（检查仓壁、更换刀具、移开障碍物等），可操作控制的部分区域可能会给人身带来伤害。对于更换刀具这样的工作，严格注意防范，降低操作的危险性。

在泥水仓/土仓或气垫仓对电气系统或液压系统的操作或实验时，如果操作或实验可能对盾构控制系统带来影响，则须禁止。

4.3.5 噪声防护

当工作区域的噪声量超过85dB(A)，工作人员需佩戴听力保护器。出于对健康的考虑，在低噪声水平中也建议工作人员佩戴听力保护装置。

4.3.6 特种设备检修

1）空压机

(1) 空压机的所有维护保养工作必须在停机并卸压的状态下进行。

(2) 检查空压机管路的泄漏和出气口的温度，如有异常应及时排除。保持机器的清洁，防止杂物堵塞顶部的散热风扇。

(3) 每天检查一次润滑油液位，确保空压机的润滑。

(4) 不定期地检查皮带及各部位螺栓的松紧程度。如发现有松动则进行调整固紧。

(5) 空压机最初运转50h或一周后更换润滑油，以后每300h更换一次润滑油（使用环境较差者应150h换一次润滑油）。

(6) 空压机使用500h（或半年）后须将气阀拆除清洗干净。

(7) 空压机工作4000h后，更换空气滤清器（空气滤清器应按使用说明书正常清理或更换，滤芯为消耗品）、润滑油、油过滤器以及油水分离器和安全阀。

(8) 定期对空压机的电机轴承进行润滑，根据电动机的保养规程操作。

(9) 定期检查承受高温的零（部）件，如阀、气缸盖、制冷器及排气管道，去除附着内壁上的积炭。

(10) 在任何情况下，都不应使用易燃液体清洗阀、冷却器的气道、气腔、空气管道以及正常情况下与压缩空气接触的其他零件。在用氯化烃类的非可燃液体清洗零部件时，应注意将残液清理干净。防止开机后排出的有毒蒸气，不允许使用四氯化碳作为清洗剂。

（11）空压机前面板上的液晶显示屏能显示一些常规故障和故障提示信息，一般情况应按其提示的内容进行维保工作（详见空压机操作说明书）。

（12）设备各部件的总体保养为每年一次。具体保养要求详见空压机的维保说明书。

2）气体保压、工业用气、气管路

（1）用于气体保压的储气罐是压力设备，要经常检查其泄漏情况并及时维修。

（2）储气罐的泄水阀每日打开一次排除油水。在湿气较重的地方，每 4h 打开一次。

（3）经常检查管路和阀门有无泄漏，如有泄漏要及时进行修复。

（4）定期对保压系统做功能性检测，确保其正常工作。

（5）经常检查空气管路上的油水分离器，及时清洗并加油。

（6）定期检查各个三联件及减压阀的设定值是否满足工况要求。

4.4 设备常见故障与处置方法

4.4.1 液压系统常见故障与处置方法

液压系统常见故障与处置方法见表4-3。

液压系统常见故障与处置方法　　　　　表4-3

序号	故障现象	故障原因分析	处置方法
1	泵不供油	（1）泵吸油口蝶阀未打开； （2）油箱油量不足，会导致泵吸空并产生噪声； （3）电机泵联轴器松动或折断； （4）电机转向不对； （5）液压油黏度过高； （6）吸油管或滤网堵塞； （7）变量泵斜盘未动作； （8）泵内部损坏	（1）打开阀； （2）立刻关闭泵，补充适量液压油； （3）检查、修理或更换联轴器； （4）立即停泵，将电机接线调相； （5）通常这种情况是由于环境温度太低，黏度大引起的；启动补油泵使油温达到正常状态； （6）拆下吸油管检查是否通畅，如果通畅，排油，彻底清洗油箱，更换吸滤，注入新油； （7）检查控制油，调整泵的设置； （8）解体检查，更换损坏件

续上表

序号	故障现象	故障原因分析	处置方法
2	液压系统漏油或渗漏	(1)管接头没有安装好； (2)密封老化,致使密封失效； (3)油温过高,致使液压油黏度过小； (4)阀与阀块或各阀块之间的接合面处密封损坏或加工密封槽不标准； (5)系统压力持续增高致使密封圈损坏失效； (6)系统的回油背压太高使不受压力的回油管产生泄漏； (7)处于压力油路中的溢流阀、换向阀内泄漏严重	(1)更换接头,重新安装； (2)更换密封件； (3)检查冷却器是否正常工作； (4)更换密封圈,或更换阀块； (5)更换接头或密封,重新安装； (6)检查液压系统回油管路； (7)检查液压系统压力是否正常
3	系统无压力	(1)加载阀未启动； (2)泵压力设置太低； (3)输出管路未接好或破损； (4)系统中有一个或多个换向阀接通油箱； (5)溢流阀压力设置太低或失效； (6)泵内部损坏	(1)加载阀得电； (2)调节泵压力； (3)检查软管,更换破损件； (4)确定各换向阀位置,放置中位,直至正常工作； (5)确定影响系统的溢流阀,正确设置,如有必要,进行修理或更换； (6)拆下分解,更换损坏零件
4	泵运行噪声	(1)油量不够,造成泵吸空； (2)吸油管渗漏导致泵吸空； (3)进口堵塞； (4)呼吸器堵塞； (5)泵转向不对； (6)泵内部损坏	(1)立即停泵、补油； (2)立即停泵,检查吸油管是否连接,夹紧,修理或更换； (3)确认进口截止阀是否打开,确保进口油路畅通； (4)更换呼吸器； (5)停泵、电机调相； (6)解体分解,更换损坏件
5	执行元件速度太慢	(1)系统有空气； (2)控制阀阀芯未完全打开使部分旁路油回油箱； (3)由于控制油路压力过低,先导控制阀没有完全移动到位； (4)泵没有达到标称流量； (5)执行元件内部由于磨损、密封损坏或内壁拉毛,造成旁通	(1)充分排除空气,检查液压泵吸油管直径是否太小,吸油管接头密封是否良好,以防止泵吸入空气； (2)检查影响系统的操作阀工作情况,必要时修理或更换； (3)检查控制油路压力； (4)见故障泵不供油栏； (5)拆卸检查,更换密封,如果内壁拉毛,更换执行元件

续上表

序号	故障现象	故障原因分析	处置方法
6	油温过高	（1）流经溢流阀的流量过大； （2）冷却水流量不够或进水温度高； （3）水冷却器堵塞或结垢； （4）高压泵额外漏损； （5）泵出口安全阀压力低于泵设置的恒压值	（1）调整溢流阀压力； （2）检查进水流量，设置冷却塔； （3）拆检冷却器； （4）用测试仪检查泵输出流量； （5）调高泵出口安全阀压力，应高于泵设置的恒压值 25bar 以上
7	液压系统压力失常	（1）检查阀芯是否卡死； （2）泵转向不对； （3）泵的功率不足或者内泄漏严重； （4）阀体内泄漏； （5）密封圈老化造成泄漏； （6）压力开关失灵或压力传感器损坏	（1）更换阀芯； （2）检查泵的转向； （3）检查电机输出是否正常、检查泵是否老化； （4）更换阀体； （5）更换密封圈； （6）更换压力开关或传感器

4.4.2 电气系统常见故障与处置方法

大多数盾构机电气系统常见故障表现为各系统 PLC 互锁条件不满足、线路及电气元器件故障、线路接触不良、断线或过载短路、接线错误、参数设置错误、接地、串电干扰、通信故障等，具体见表4-4。

电气系统常见故障与处置方法　　　　　　　　　　　　　　表4-4

序号	故障现象	故障原因分析	处置方法
1	刀盘最大转速为 0.8r/min，远小于设定最大值	更改上位机环号设置，导致程序出错	拔出程序卡，重新加载程序，重启上位机后恢复正常
2	主控室操作台按钮指示灯快速闪烁	相应的控制开关断开或相应的液压流体启动条件不满足（一般为液位和温度）	结合上位机显示原因进行处理
3	中间继电器指示灯亮，但对应的电磁阀指示灯不亮	中间继电器触点机构可能损坏，阀线可能损坏	用万用表测量阀头电压，如无电压，检查电路是否破损，如无破损，更换中间继电器；如电压正常，检查阀头线及其线圈

第4章　盾构机设备常见故障与处置方法

续上表

序号	故障现象	故障原因分析	处置方法
4	MT 开关断开	过载或急停回路动作	如 POWER、CH1、CH2 指示灯亮,调整 MT 开关的 Ir 和 Isd；如 POWER 灯亮,CH1 和 CH2 指示灯未亮,说明曾急停动作过,现已恢复,主控室复位然后合闸即可；如 POWER、CH1、CH2 灯不亮,有急停被拍下,恢复急停,主控室复位,合闸
5	NS 开关及 GE 开关断开频繁	过载或短路、断路	检查线路有无破损接地,或接头处短路,如无破损及短路,调整动作电流,将电流调大
6	软启动器故障	F1:相输入错误；F8:电压不平衡；F10:欠电压	通过复位键消除故障
7	直流电源故障	直流输出端短路	逐个断开所涉及的控制盒电源,缩小排查范围,再进行处理
8	土压传感器显示故障	(1)掘进渣土中含有大量碎石,刀盘搅拌渣土时,碎石剐蹭传感器探头表面,导致传感器接触面磨损严重显示失灵；(2)开仓电焊作业不规范导致传感器内部损坏	达到开仓条件或土体稳定时更换土压传感器

4.4.3　主驱动系统常见故障与处置方法

主驱动系统常见故障与处置方法见表 4-5。

主驱动系统常见故障分析与处置方法　　表 4-5

序号	故障现象	故障原因及分析	处置方法
1	主驱动泵软启动器故障	(1)温度过高,风扇不能及时开启；(2)空气开关电流整定值未设置好；(3)软启动器快速熔断器损坏	(1)检查温度控制模式；(2)调整空气开关电流整定修；(3)更换快速熔断器
2	电驱主驱动扭矩限制器脱开(图 4-1)	刀盘扭矩过载	扭矩限制器复位,如频繁跳脱则进行调校和检测

续上表

序号	故障现象	故障原因及分析	处置方法
3	主驱动变频柜进线铜排烧坏(图4-2)	螺栓松动引起电弧	更换铜排,定期检查螺栓,达到要求扭矩
4	主驱动泄漏,油温异常	外循环水流量不足、进水温度太高或冷却器堵塞	更换温度传感器
		温度传感器损坏	
5	检测腔发现异物	(1)HBW、EP2润滑油脂注入量不足; (2)敞开模式掘进,HBW油脂不成环; (3)密封跑道磨损(图4-3)	(1)保证EP2和HBW的正常注入量; (2)在敞开模式掘进时应加大HBW注入量; (3)调整跑道
6	HBW油脂计数次数异常	(1)油脂质量较差导致马达分配器堵塞(图4-4); (2)计数接近开关安装不到位; (3)液压马达分配器断轴; (4)计数接近开关损坏; (5)HBW油脂泵不动作; (6)控制HBW油脂电磁阀的中间继电器损坏; (7)液压马达分配器内轴承损坏; (8)HBW泵进气压力过低,泵动作缓慢; (9)HBW泵出口压力过大,管路已堵塞	(1)清洗液压马达分配器,更换质量较好的油脂; (2)调整接近开关安装位置; (3)更换液压马达分配器; (4)更换计数接近开关; (5)检查HBW油脂泵; (6)更换中间继电器; (7)更换损坏的轴承; (8)调节泵进气压力; (9)调节泵出口压力,疏通管路
7	齿轮油脉冲计数低	(1)油温过低,油液黏稠度偏高; (2)齿轮油被污染,导致过滤器阻塞	(1)齿轮油润滑系统增加保温措施或加热装置; (2)清洗或更换齿轮油滤芯; (3)更换齿轮油,并对主驱动箱进行清理
8	齿轮油位报警	先观察液位发现液位不低;再检查齿轮油清洁度,发现齿轮油比较脏,因此导致液位开关被卡,误显示所致	清洗齿轮油液位计,提取油样进行化验。如果化验报告油样参数超标,需进行换油
		液位确实低于报警液位	查找漏点,及时向齿轮箱添加齿轮油

续上表

序号	故障现象	故障原因及分析	处置方法
9	主驱动异响或油水检测金属含量异常	(1) 主驱动小轴承损坏； (2) 小齿轮磨损或崩齿； (3) 大齿圈磨损(图4-5)； (4) 轴承保持架和滚子磨损(图4-6)	(1) 更换小齿轮和小轴承； (2) 主轴承贯通后拆解修复
10	主驱动泵轴封处漏油(图4-7)	轴封失效	更换轴封
11	回转接头漏油脂	固定回转接头的锁紧螺帽松动或者断裂	紧固锁紧螺母或者更换

图 4-1　主驱动电机扭矩限制器脱开

图 4-2　变频柜进线铜排烧坏

图 4-3　密封跑道磨损

图 4-4　液压马达分配器堵塞

图 4-5　大齿圈磨损　　　　4-6　主轴承滚子磨损或锈蚀　　　图 4-7　主驱动泵轴封处漏油

4.4.4　推进/铰接系统常见故障与处置方法

推进/铰接系统常见故障分析与处置方法见表 4-6。

推进/铰接系统故障分析与处理方法　　　　表 4-6

序号	故障现象	故障原因及分析	处置方法
1	推进油压不稳定无法控制	(1)各区油分区压控制不均衡； (2)比例溢流阀发卡或损坏； (3)放大板损坏	(1)将其他三区油压减小后重新调整分区油压； (2)清洗比例溢流阀,必要时进行更换； (3)更换放大板
2	推进过程某根液压缸顶不到管片(图4-8)	(1)比例调速阀放大板设置参数不匹配； (2)液压缸内泄(图4-9)	(1)更改放大板参数； (2)停机拆下内泄的推进液压缸,并封堵所有油管防止漏油,更换推进液压缸内部密封
3	推进液压缸无法伸出	(1)换向阀未得电或阀头松动； (2)放大板损坏	(1)检查电控或紧固阀头； (2)更换放大板
4	推进位移不显示或显示异常	(1)PLC无输出信号； (2)行程传感器损坏	(1)更换PLC模块； (2)更换传感器或增加外置行程传感器
5	管片拼装模式推进泵压力上不去	比例溢流阀传感器阀头线故障,推进泵斜盘调节阀阀芯卡住	更换阀头线,将阀芯控制螺栓旋至最松并启动泵,斜盘调节阀阀芯动作

续上表

序号	故障现象	故障原因及分析	处置方法
6	被动铰接液压缸无法收回	(1)硬岩地层小转弯半径尾盾被卡或较大块状杂质没有清理,致使铰接处被卡住; (2)地层摩擦力大于铰接液压缸拖拉力,严重时导致铰接液压缸拉断(图4-10); (3)铰接角度过大,导致盾尾卡住	(1)增加铰接液压缸数量或辅助液压缸,增大铰接系统压力; (2)盾壳外注入膨润土或减摩剂; (3)调整管片间隙,消除铰接拉力不均
7	铰接环漏水、漏浆	(1)压紧块没有压紧; (2)组装下井时铰接部位碰撞变形; (3)铰接密封损坏	(1)调节盾尾方头螺栓,使其压紧铰接密封; (2)组装始发台前中盾支撑部位加垫块;始发前测量铰接部位间隙; (3)停机时开启紧急气囊在铰接渗漏部位塞入棉絮、止水条或盘根进行封堵,必要时加注聚氨酯,增加应急密封

图4-8 某根液压缸顶不到管片

图4-9 推进液压缸内泄

图4-10 铰接液压缸拉断

4.4.5 螺旋输送机常见故障与处置方法

螺旋输送机系统常见故障分析与处置方法见表4-7。

螺旋输送机系统故障分析与处理方法　　　　表4-7

序号	故障现象	故障原因及分析	处置方法
1	驱动扭矩达到最大值,无转速	石块、钢筋等将螺旋输送机卡住渣土过干(图4-11)	通过螺旋输送机正反转脱困,加强渣土改良
2	转速不显示	(1)转速传感器损坏; (2)转速传感器安装不到位	检修传感器电路及转速传感器

续上表

序号	故障现象	故障原因及分析	处置方法
3	上位机不显示后闸门位移量	后闸门位移传感器损坏	更换位移传感器
4	驱动箱内进入油脂或渣土(图4-12)	唇形密封圈损坏	出洞后更换唇形密封圈
5	筒壁磨损严重(图4-13)	未及时检测壁厚	筒壁外部贴焊耐磨钢板
6	螺旋输送机正常旋转,但不出渣	(1)渣土流动性差或土仓渣土"成拱"; (2)螺旋输送机伸缩不到位; (3)螺旋输送机断轴(图4-14)	(1)渣土改良增加流动性; (2)地层合适前提下开仓破除"成拱"结构; (3)洞内拆除螺旋输送机轴,修复后回装
7	螺旋输送机土压传感器显示异常(一直显示最大)	(1)传感器探头表面被糊住(渣土固化)或磨损失效; (2)土压传感器接头线路处进水	(1)拆下传感器清理后安装或更换新的压力传感器; (2)接头处防护,防止进水

图4-11 渣土过干　　图4-12 驱动箱进泥　　图4-13 螺旋输送机筒壁磨损

图 4-14　螺旋输送机断轴

4.4.6　管片拼装机常见故障与处置方法

管片拼装机系统常见故障分析与处置方法见表 4-8。

管片拼装机系统常见故障分析与处置方法　　表 4-8

序号	故障现象	故障原因及分析	处置方法
1	管片拼装机红蓝缸自动泄压下降	平衡阀故障	调节平衡阀压力
		液压缸内泄	返厂维修或更换新液压缸
2	拼装机旋转时超限	旋转限位失效	检查线路和限位
3	拼装机无法回转	上位机报警(限位、抓紧压力不足)	更换接近开关;调整压力开关
4	拼装机负载旋转时抖动	平衡阀调节不到位或堵塞	(1)调节平衡阀; (2)清洗节流阀,或节流阀调到最大开度后再调小
5	拼装机泵自动停止	拼装机接收器信号不稳定	更换接收器
		遥控器损坏	检修或更换遥控器
6	管片拼装机大小齿圈磨损	管片拼装机回转架与固定架之间密封损坏,砂浆进入管片拼装机齿轮箱内	重新安装内外防尘密封,清洗液压马达齿轮与大齿轮,向轴承内加注油脂;保持拼装机清洁
7	管片拼装机拖链脱出安装槽	拖链安装弧形板变形	校正弧形板
8	抓举头无法摆动	控制液压缸电磁阀线路断裂或电磁阀线圈插头损坏;杂质进入摆动轴承	更换液压缸控制电磁阀线路或电磁阀线圈插头; 更换摆动轴承密封

续上表

序号	故障现象	故障原因及分析	处置方法
9	拼装机油管与坦克链被拉断	由于受到控制线路的影响,拼装机遥控器失灵,拼装机旋转限位失灵,拼装机旋转角度超过限位,油管和电缆线拉断	更换新油管,修复坦克链条,整体检查拼装机控制线路有无松动并进行紧固、除尘和防水保护
10	抓举头尼龙条损坏	拼装机抓举管片时,尼龙条(易损件)与管片长期加压接触导致磨损严重,管片抓不稳	更换新尼龙条
11	拼装机遥控无动作	遥控器没电或进水受潮	更换电池或遥控器主板,加强遥控器操作维保培训
		个别液压缸控制未到中位	整理一遍位置开关

4.4.7 管片吊机常见故障与处置方法

管片吊机系统常见故障分析与处理方法见表4-9。

管片吊机系统故障分析与处置方法　　　　表4-9

序号	故障现象	故障原因及分析	处置方法
1	管片吊机不动作	(1)热继电器跳闸(图4-15); (2)总进线断路器损坏; (3)接触器、整流模块烧毁(图4-16)	(1)恢复热继电器正常状态; (2)更换断路器; (3)更换接触器、整流模块
2	管片吊机负载无法正常运行	管片吊机制动间隙过大(图4-17)	重新调节吊机制动松紧度
3	管片吊机左侧链条无动作	吊机低速模式控制线路损坏	线路恢复,更换备用线路
4	管片吊机起升无高速	高速线圈无输出,造成电机只能低速运行	更换电机
5	管片吊机高速挡位上升无动作	检查吊机上下限位开关,上升动作时,继电器失得电,判断为管片吊机快速挡位控制线路继电器松动	恢复吊机快速挡位控制线路继电器,并进行紧固

续上表

序号	故障现象	故障原因及分析	处置方法
6	吊机无法行走	管片吊机行走齿轮键槽磨损剧烈的震荡导致键被切断	更换大齿轮及齿轮键
7	管片吊机溜车	制动片松动	紧固制动片
8	管片吊机某动作异常,行走无效	吊机十字限位损坏	维修十字限位
9	吊机某一侧动作时频繁跳闸	（1）整流模块击穿； （2）接触器损坏	（1）更换整流模块； （2）更换接触器

 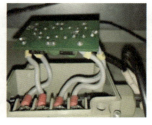 

图 4-15　热继电器　　　　图 4-16　整流模块图　　　　4-17　管片吊机制动模块

4.4.8　带式输送机常见故障与处置方法

带式输送机系统常见故障分析与处置方法见表 4-10。

带式输送机系统故障分析与处置方法　　　　表 4-10

序号	故障现象	故障原因及分析	处置方法
1	皮带跑偏	（1）未根据转弯半径调整皮带； （2）主动滚筒包胶不均匀磨损	（1）根据转弯半径调整皮带； （2）重新包胶或更换
2	皮带掉渣严重	（1）刮泥板磨损； （2）刮泥板位置调整不到位； （3）皮带冲洗水压力较小或未开； （4）后配套皮带尾部为倾斜上坡状,遇到突涌水地质,泥浆顺着皮带往下流,使得后支撑底部积渣严重	（1）更换磨损刮泥板； （2）调整刮泥板位置； （3）打开皮带冲洗,增大压力； （4）在后配套皮带与主机皮带搭接位置处加焊挡渣板,并加挡渣皮带

续上表

序号	故障现象	故障原因及分析	处置方法
3	皮带从动滚筒有异响,并伴有振动,严重时导致从动轮轴承脱落	(1)滚筒轴承端盖螺栓脱落,端盖不能压紧轴承,造成轴承倾斜或掉落; (2)主机皮带驱动减速机内置密封损坏,导致齿轮润滑油泄漏,致使减速机行星齿轮损坏	(1)将端盖螺栓重新拧紧; (2)更换减速机,加强减速机的检查维保
4	从动滚筒不同心转动	从动滚筒轴承黄油注入量不足,长时间转动皮带或渣土进入等原因导致轴承损坏	更换从动滚筒轴承
5	后配套带式输送机驱动轴轴承窜动	后配套带式输送机驱动轴张紧套松动,导致其沿着减速箱轴向窜出	更换张紧套,并将其点焊在驱动轴上
6	主机皮带正转压力异常	主机皮带尾部从动滚筒轴承损坏	更换轴承及骨架油封,并加油润滑
7	皮带划破	皮带被钢筋或石渣等坚硬物品划破	重新硫化或用胶枪缝补
8	带式输送机无法启动	(1)拉线开关急停; (2)渣土堆积过多; (3)转速电位器损坏	(1)恢复拉线开关; (2)清理渣土; (3)更换转速电位器
9	皮带打滑	(1)皮带张紧力不足; (2)主动轮包胶磨损; (3)渣土堆积	(1)张紧皮带,必要时更换皮带; (2)重新包胶或更换; (3)清理渣土
10	带式输送机过载报警	(1)因带式输送机电机散热风扇相序接错,导致散热风扇反转,散热效果不佳(图4-18); (2)因带式输送机与设备桥斜坡处挡渣板接触面摩擦力增大,带式输送机电机负荷增大(图4-19); (3)因螺旋输送机出渣口下部溜渣槽变形,压紧皮带增大摩擦力(图4-20)	(1)将带式输送机电机散热风扇相线重新排序接线,确保散热风扇正转; (2)将带式输送机与设备桥斜坡处挡渣板整体向上平移,减少摩擦力; (3)在螺旋输送机出渣口下部溜渣槽处加一根钢管架支撑,减少摩擦力

图 4-18　带式输送机电机　　图 4-19　带式输送机挡渣板

图 4-20　带式输送机流渣槽(螺旋输送机出渣口)

4.4.9　同步注浆系统常见故障与处置方法

同步注浆系统常见故障分析与处置方法见表 4-11。

同步注浆系统故障分析与处置方法　　表 4-11

序号	故障现象	故障原因及分析	处置方法
1	注浆压力大、注浆困难	浆液太稀、浆液太稠、砂浆里含有大石子和水泥块或粉煤灰比例较小	控制浆液的质量,包括拌浆加水量的控制、及时清理过滤网上的石子和水泥块、确保材料的计量系统正常工作、严格要求搅拌站对配料进行记录、严格按照配合比拌料、及时清理注浆管路
		(1)未定期清理注浆管道; (2)清理注浆管道时,由于水压不够,管路内的砂浆中水泥和粉煤灰被水冲走,但砂子留在管道里,注浆就容易堵管; (3)连接注浆管的膨润土管未完全关闭,膨润土稀释了砂浆罐里的砂浆,导致砂浆太稀容易堵管; (4)注浆前未清洗干净砂浆罐下的阀门,凝固的水泥块被冲进管路造成堵管	(1)使用泄压阀泄压处理,让浆液反流,再把反流的浆液注进盾尾;使用注浆泵的液压缸慢缩快推;关闭被堵塞注浆管同侧的另一路注浆管,使注浆空隙增大,调大注浆压力来疏通。 (2)管子堵塞严重时,要拆下注浆管路进行清洗,准确判断堵塞位置,关闭盾壳注浆管路手动阀防止返浆,再拆下注浆管进行清理

续上表

序号	故障现象	故障原因及分析	处置方法
2	砂浆罐返浆现象	由于砂浆中石子较多,导致注浆泵蘑菇头磨损,注浆泵停止时密封不严,浆液反倒罐内	更换注浆泵蘑菇头,控制砂浆中石子含量
3	砂浆罐搅拌轴端漏浆	(1)当砂浆装入砂浆罐以后,启动搅拌轴对砂浆进行连续不断的搅拌,由于长时间负载转动可能导致搅拌轴变形,进而损坏搅拌轴轴承、密封及轴套,引起漏浆; (2)搅拌轴轴承和密封由于长时间未更换,老化或者机械磨损也会导致砂浆泄漏	更换砂浆罐搅拌轴密封和轴承,增设自动注脂泵站,对砂浆罐搅拌轴轴承处进行注脂润滑,维保人员每天对注脂情况进行检查
4	注浆泵正泵无动作	排除因控制线路故障或注浆压力高而导致正泵无动作,尝试反泵正常动作,最后检查发现注浆管堵塞	疏通注浆管路
5	注浆泵动作异常并伴有异响	注浆泵活塞与泵杆连接螺栓掉落,活塞往复运动时受力不均且有间隙	重新连接紧固螺栓

4.4.10　油脂系统常见故障与处置方法

油脂系统常见故障分析与处置方法见表4-12。

油脂系统故障分析与处置方法　　　　表4-12

序号	故障现象	故障原因及分析	处置方法
1	盾尾油脂泵出口压力不足(供气、动作正常)	因泵头长期处于空打状态或油脂桶进入外界金属异物,导致泵杆或密封表面磨损(图4-21)	(1)泵杆表面磨损修复、更换泵杆密封; (2)更换盾尾油脂时,应使用油脂泵排气装置彻底排气,避免油脂泵处于空打状态
2	HBW脉冲计数低于设定值,限制刀盘旋转	脉冲信号设置问题、油脂泵进气压力过低导致泵动作缓慢、管路堵塞导致油脂流量低、HBW液压马达分配器内部堵塞或磨损、HBW油脂质量问题(图4-22)	(1)确定HBW脉冲计数是否为调试时设定值,如有变动,维保人员及时调整; (2)观察HBW泵是否工作正常,是否有严重漏气现象; (3)观察进气压力是否过低而导致泵动作缓慢; (4)观察泵出口压力是否过大,管路已堵塞; (5)检查中盾部位HBW分配液压马达是否正常工作,检查有没有堵塞和内部磨损; (6)取样检查油脂质量

续上表

序号	故障现象	故障原因及分析	处置方法
3	EP2 多点泵故障	滤芯失效导致 EP2 系统进入硬质磨粒,造成多点泵、分配阀内部摩擦副磨损失效(图 4-23)	暂无

图 4-21　油脂泵泵杆表面及密封磨损

图 4-22　油脂内纤维过高堵塞液压马达分配器

图 4-23　EP2 多点泵故障

4.4.11 循环水系统常见故障与处置方法

循环水系统系统常见故障与处置方法见表4-13。

表4-13 循环水系统常见故障分析与处置方法

序号	故障现象	故障原因及分析	处理方式
1	隔膜泵排污时换向不顺畅	(1)隔膜片破损(图4-24); (2)换向阀不顺畅; (3)隔膜片固定螺栓未彻底紧固	重新更换隔膜片/换向阀,彻底紧固隔膜片固定螺栓
2	液压油箱高温报警	(1)外循环水流量不足,热交换器水垢堆积(图4-25); (2)进水温度高; (3)冷却器堵塞; (4)温度传感器损坏	检查外循环水流量和温度,清理冷却器,更换损坏的温度传感器
3	增压泵在使用中压力超过上限	管路或热交换器堵塞	清洗管路及热交换器,调节增压泵溢流阀
4	增压泵不能正常启动	增压泵流量计故障,流量计内部短路	更换新的流量计
5	泡沫泵压力建立不起来	螺杆泵定子和转子磨损严重(图4-26)	定期检查维护保养,避免泡沫原液和混合液有杂质进入
6	空压机高温停机	可能是冷却水流动不畅或者是冷却水自身温度过高	检查冷却水管路、球阀是否堵塞或者未开启 检查外循环水是否正常和散热器工作是否正常
7	外循环水压力小或没有外循环水	外循环水袋式滤芯堵塞	清洗外循环水袋式滤芯
8	内循环水低液位报警	(1)内循环水系统存在漏水点; (2)液位传感器损坏; (3)液位传感器插头松动	(1)对漏水部位进行处理,补充内循环水(蒸馏水); (2)更换液位传感器; (3)紧固液位传感器插头

图4-24 隔膜片破损

图4-25 热交换器水垢堆积

图4-26 螺杆泵磨损

4.4.12　渣土改良系统常见故障与处置方法

渣土改良系统系统常见故障与处置方法见表4-14。

渣土改良系统常见故障分析与处置方法　　表4-14

序号	故障现象	故障原因及分析	处理方式
1	膨润土泵挤压管破裂	(1) 胶管被膨润土挤压泵轴轮压扁后放松，胶管依靠自身弹性恢复原状，从而使管内产生真空，吸入罐内的膨润土，再在轴轮挤压下，将膨润土向前持续泵送； (2) 轴轮不断挤压放松，膨润土不断被往前推进，由于渣土改良需要，挤压泵长时间工作，加上挤压管老化，磨损严重，挤压泵高转速工作时压力过大，导致挤压管破裂	更换新挤压管，因为挤压管属于易损配件，所以建议库存要有备用的配件
2	泡沫管路压力过大，上位机无流量显示	土仓建压掘进时，受泥渣、砂浆回流等影响，泡沫喷口橡胶盖板容易被磨损，造成泡沫系统管路内进入泥渣	停机用高压水冲洗泡沫管路的注入端、泡沫管路及安装土仓隔板上的球阀
3	掘进时土仓加水无流量显示	(1) 管路堵塞或者土仓加水气动球阀没有打开； (2) 土仓加水气动球阀卡滞	清洗气动球阀阀芯
4	中心回转接头与前盾连接位置处漏水	中心回转接头回转体前端与刀盘法兰面之间连接螺栓松动脱落，导致回转体与刀盘分离，回转中心轴不旋转，造成回转中心与前盾连接处漏水	(1) 具备开仓条件后，将土仓内的渣土排至1/2以下，露出回转中心与刀盘连接部分，清理并拆除连接螺栓和法兰固定套； (2) 拆除回转中心上所有管路，在盾体内挂好倒链将回转中心整体拔出放到适当位置，检查土仓隔板支撑处唇形密封、O形圈及铜套是否损坏； (3) 拆除中心回转后端，把中心轴从后端拔出，检查内部情况并维修后，安装回转中心并紧固与刀盘连接处的螺栓（此处螺栓采用高强度螺栓）

续上表

序号	故障现象	故障原因及分析	处理方式
5	中心回转接头前端漏泡沫	（1）施工中泡沫工作压力过高导致密封件损坏；（2）泡沫中混有较多颗粒状杂质或者改良材料，对中心回转体长时间的腐蚀引起中心轴镀铬层的脱落；（3）机加工时中心回转体内残留的铁屑、焊渣等均会对其造成损伤	（1）一般中心回转体内的密封件有2种：唇形密封（用于泡沫或膨润土管路间的密封隔离）、组合旋转密封（用于液压油路、润滑油路之间的密封隔离）；（2）拆除密封时首先进行清理，从外向里逐一拆卸。更换密封件时可进行软化处理，唇形密封要涂抹润滑油脂、组合密封用液压油润滑，安装顺序为从内向外

4.4.13　泥水环流系统常见故障与处置方法

泥水环流系统系统常见故障与处置方法见表4-15。

泥水环流系统常见故障分析与处置方法　　表4-15

序号	故障现象	故障原因及分析	处理方式
1	泥浆泵进出口压力一致，无法排渣	（1）叶轮存在异物被卡死；（2）泥浆泵联轴器损坏	（1）清理叶轮异物；（2）更换泥浆泵联轴器
2	泥浆泵进口压力较大，出口压力较小	泥浆泵管路进口堵塞（图4-27）	清理进口管路
3	泥浆泵有泥浆沿着轴泄露	盘根压盖未压紧到位或盘根磨损（图4-28）	调整压盖或更换盘根
4	气垫仓内液位在更换泥浆管路期间下降，拼管片时上升	主进排浆管路液压球阀磨损，关闭不严	更换液压球阀

图4-27　泥浆泵管路进口堵塞

图4-28　盘根压盖未压紧到位

4.4.14 在用油品常见质量问题与处置方法

(1) 盾构机在用液压油常见质量问题与处置方法见表 4-16。

盾构机在用液压油常见质量问题与处置方法　　　　表 4-16

指标	异常原因	处置方法
外观	(1) 油中有水； (2) 其他液体污染； (3) 磨粒及粉尘污染	(1) 查明污染来源； (2) 脱水、过滤、清洗、更换滤芯； (3) 必要时换油处理
40℃运动黏度变化率	(1) 被其他润滑剂、水分污染； (2) 补错油； (3) 油品氧化变质	(1) 查明黏度变化原因； (2) 将取样周期缩短一半，密切关注趋势变化； (3) 超出异常值时做换油处理
铜片腐蚀	(1) 水分或其他酸性物质污染； (2) 防腐剂消耗	(1) 加强污染控制，精密过滤； (2) 置换部分新油； (3) 综合其他检测结果，必要时做换油处理
液相锈蚀	防锈剂消耗	(1) 加强脱水处理，更换呼吸器干燥剂，避免水分侵入； (2) 置换部分新油； (3) 综合其他检测结果，必要时做换油处理
抗乳化性	(1) 油品污染或劣化变质； (2) 抗乳化剂消耗	(1) 加强防水防潮措施，避免水分浸入； (2) 如润滑油已存在乳化现象，且水分污染严重，做换油处理
机械杂质	(1) 油品氧化变质； (2) 磨粒、粉尘、其他物质污染	(1) 查明污染来源； (2) 过滤、清洗、更换滤芯； (3) 必要时做换油处理
空气释放值	(1) 固体物质污染； (2) 油品污染或劣化变质	(1) 过滤、清洗、更换滤芯； (2) 置换部分新油； (3) 综合其他检测结果，必要时做换油处理

续上表

指标	异常原因	处置方法
泡沫特性	（1）固体物质污染； （2）水含量高，抗泡剂水解； （3）抗泡剂消耗； （4）油品污染或劣化变质	（1）脱水、过滤、清洗、更换滤芯； （2）置换部分新油； （3）综合其他检测结果，必要时做换油处理
水分	（1）冷却器泄漏； （2）油箱呼吸口干燥剂失效，空气中水分进入	（1）查明水分来源； （2）更换呼吸口干燥剂； （3）更换脱水滤芯，加强脱水处理，必要时做换油处理
酸值	（1）油温高或局部过热； （2）油品氧化变质； （3）油品被污染	（1）控制油温，消除局部过热； （2）对油品进行再生； （3）必要时做换油处理
污染度等级	（1）系统中进入灰尘； （2）系统磨损产生的磨损颗粒； （3）油品氧化变质产生的软质颗粒； （4）精密过滤器失效	（1）查明、消除污染来源； （2）过滤、清洗、更换滤芯
Fe Cr PQ 指数 DL	活塞、缸套、泵等钢质部件磨损	（1）关注油温、轴温、振动等变化情况； （2）加测铁谱分析，进一步判断磨损情况； （3）缩短监测周期，密切关注趋势变化，必要时做换油处理

（2）盾构机在用齿轮油常见质量问题与处置方法见表4-17。

盾构机在用齿轮油常见质量问题与处置方法　　表4-17

指标	异常原因	处理措施
外观	（1）油中有水； （2）其他液体污染； （3）磨粒及粉尘污染	（1）查明污染来源； （2）脱水、过滤、清洗、更换滤芯； （3）必要时做换油处理
40℃运动黏度变化率	（1）被其他润滑剂、水分污染； （2）补错了油； （3）油品氧化变质	（1）查明黏度变化原因； （2）将取样周期缩短一半，密切关注趋势变化； （3）超出异常值时做换油处理

续上表

指标	异常原因	处理措施
铜片腐蚀	(1)水分或其他酸性物质污染； (2)防腐剂消耗	(1)加强污染控制,精密过滤； (2)置换部分新油； (3)综合其他检测结果,必要时做换油处理
液相锈蚀	防锈剂消耗	(1)加强脱水处理,更换呼吸器干燥剂,避免水分浸入,置换部分新油； (2)综合其他检测结果,必要时做换油处理
抗乳化性	(1)油品污染或劣化变质； (2)抗乳化剂消耗	(1)加强防水防潮措施,避免水分浸入； (2)如润滑油已存在乳化现象,且水分污染严重,做换油处理
机械杂质	(1)油品氧化变质； (2)磨粒、粉尘、其他物质污染	(1)查明污染来源； (2)过滤、清洗、更换滤芯； (3)必要时做换油处理
水分	(1)冷却器泄漏； (2)油箱呼吸口干燥剂失效,空气中水分进入	(1)查明水分来源； (2)更换呼吸口干燥剂； (3)更换脱水滤芯,加强脱水处理,必要时做换油处理
酸值	(1)油温高或局部过热； (2)油品氧化变质； (3)油品被污染	(1)控制油温,消除局部过热； (2)对油品进行再生； (3)必要时做换油处理
污染度 ISO 4406 等级	(1)系统中进入灰尘； (2)系统磨损产生的磨损颗粒； (3)油品氧化变质产生的软质颗粒； (4)精密过滤器失效	(1)查明、消除污染来源； (2)过滤、清洗、更换滤芯
Fe Cr PQ 指数 DL DS	主轴、轴承、齿轮磨损	(1)关注油温、轴温、振动等变化情况； (2)加测铁谱分析,进一步判断磨损情况； (3)缩短监测周期,密切关注趋势变化,必要时做换油处理
Cu(mg/kg)	轴承、轴承保持架磨损	

第5章 盾构机典型故障案例分析

针对实际工作经验对盾构机施工中遇见的典型设备故障案例进行归纳分析、总结和分享,可为一线人员处理或预防典型设备故障提供实例借鉴和参考,避免设备风险扩大。本章主要介绍土压平衡和泥水平衡盾构机关键系统部件典型故障案例及分析,包括现象描述、原因分析、问题处置和经验教训。

5.1 土压平衡、泥水平衡盾构机通用系统典型故障案例分析

5.1.1 刀盘刀具典型故障案例分析

5.1.1.1 案例1:普通刀盘始发异常变形

1)现象描述

某地铁项目 $\phi6.28m$ 土压平衡盾构机始发时,刀盘刚进入洞门帘布橡胶后(不具备转刀盘条件),盾构机总推力在19min内从3977kN增加至13106kN,期间空推距离435mm(图5-1),此时主司机判断刀盘已接触掌子面,开始转动刀盘却无法正常启动,并出现主驱动电机扭矩限制器脱扣情况。

进入土仓内检查发现刀盘被洞门二次衬砌墙预留钢筋卡住,刀盘与前盾切口环之间间隙不均匀,局部刀盘外圈梁侵入到土仓内,部分刀盘主体焊缝存在开裂现象。具体检查情况为:从30号、32号~43号刀号位置处刀盘和前盾切口环之间间隙呈逐渐缩小趋势,43号刀号位置刀盘圈梁侵入土仓内约10mm,44号刀位位置刀盘圈梁与前盾切口环的间隙为56mm,41号刀号位置刀盘圈梁与前

盾切口环之间间隙为46m,42号刀号位置刀盘圈梁与前盾切口环之间间隙为47mm,间隙测量情况如图5-2所示;22号、23号、27号、28号刀箱焊缝开裂,23号刀号位置刀盘扭腿出现明显焊缝裂纹,23号刀号位置焊缝出现开裂等。

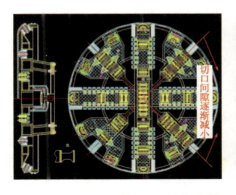

图5-1 上位机调取掘进参数

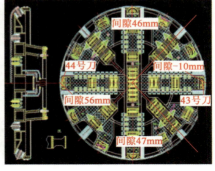

图5-2 刀盘与前盾切口环间隙测量情况示意图

2)原因分析

(1)始发时盾构总推力情况分析

根据该盾构机设计参数计算可知:始发空推段盾构总推力需3000~4000kN(即盾构机与始发台、轨道、管片之间的摩擦力)。实际在刀盘和掌子面接触之前总推力最大已达13106kN(此时土仓为空仓),计算可知实际作用在刀盘上的推力达约9000kN。初步分析刀盘前方应遭遇不明障碍物导致刀盘局部受力超限,盾构机后退后检查发现始发洞门掌子面左下角存在孤石(最大直径处约1m),如图5-3所示。综上,可初步判断刀盘因局部偏载力超限导致变形、开裂。

图 5-3 始发洞门处未探明的孤石

(2)刀盘变形分析

对刀盘 43 号、38 号、37 号刀位 3 把滚刀加载模拟刀盘实际受力情况,通过有限元方法对刀盘在不同偏载情况下变形情况进行分析,见表 5-1。

刀盘偏载力变形量表　　　　　　　　　　　　　　表 5-1

偏载力(kN)	最大等效应力(MPa)	最大变形量(mm)
6000	719	19
7000	839	22
8000	959	26
9000	1079	29

通过 ANSYS 有限元专业软件对刀盘进行偏载模拟分析(图 5-4);该刀盘材料为 Q345B(许用抗拉强度为 470~630MPa),当偏载力为 6000kN 时,综合最大等效应力为 719MPa,刀盘扭腿与刀盘法兰连接处应力超过 470MPa,导致刀盘出现开裂和塑性变形;当偏载力为 9000kN 时,刀盘综合最大等效应力理论值达到 1079MPa,远超刀盘材料许用抗拉强度 470~630MPa,实际变形量约 40mm,比理论变形量大 11mm。

(3)现场管理缺位

①盾构始发前未能仔细检查洞门情况,存在钢筋未完全割除、孤石未探明处理等状况。

②始发技术交底不具体,空推段盾构机总推力要求不明确。

③盾构机主司机和值班工程师责任心不强,对盾构机推力短时间内急剧上升的敏感度严重不足,在违规作业的状况下还坚持继续推进。

3)问题处置

(1)刀盘后退,进行刀盘清洗、清渣作业,全面仔细检查刀盘变形及开裂情况。

(2)对变形的刀盘外圈梁进行校正,保证校正过后的外圈梁与前盾切口环的轴向间隙值控制在 30~40mm 范围内。

(3)刨除存在裂纹的焊缝,利用装刀模板重新定位滚刀刀座,然后进行补焊,最后对所有滚刀刀高尺寸进行测量,保证刀高实际偏差在设计公差范围内。

(4)对变形区域的刀盘本体、刀箱刀座以及刀盘法兰等全部进行无损探伤,保证修复后的焊缝全部合格。

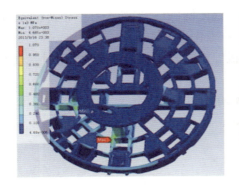

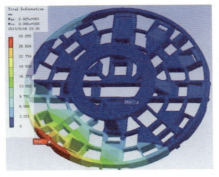

图 5-4　9000kN 偏载条件下刀盘应力分析

4)经验总结

(1)施工技术交底数据应详实并严格执行,关键参数超标或急剧增加时应果断停机检查。

(2)盾构始发前应彻底检查洞门口情况,彻底清除杂物,确认安全后方可始发。

(3)加强培训,提高现场技术人员和主司机的技术水平,增强现场人员的责任意识和风险意识。

(4)盾构施工高风险时段,建立项目主要领导值班制度并切实落实执行。

5.1.1.2 案例2:普通刀盘刀具异常磨损

1)现象描述

某地铁项目 $\phi 6.28m$ 土压平衡盾构标段区间左、右线全长约1711m,区间范围内土体自上而下依次为$①_1$杂填土、$③_1$粉质黏土、$③_3$中砂、$③_4$粉质黏土、$⑧_5$圆砾、$③_5$砾砂、$⑤_{3-1}$强风化粉砂质泥岩、$⑤_{3-2}$中风化粉砂质泥岩、$⑤_{3-3}$微风化粉砂质泥岩。区间隧道主要穿越地层为砾砂、圆砾层,局部含有中砂及粗砂,成分以石英、云母、长石等为主。

该区间左、右线贯通时,两台盾构机刀盘刀具都出现了异常磨损情况,见表5-2。

刀盘刀具磨损情况　　　　　表5-2

磨损部位	左线土压平衡盾构机图示	右线土压平衡盾构机图示
刀盘整体		
外圈梁		
保径刀		

续上表

磨损部位	左线土压平衡盾构机图示	右线土压平衡盾构机图示
边刮刀		
先行撕裂刀与切刀		

2) 原因分析

(1) 砂砾地层石英含量高、磨蚀性强,掘进时对刀盘刀具磨损影响较大。

(2) 掘进期间左线盾构机有3路泡沫通道正常使用,右线盾构机仅剩下中心一路泡沫通道正常使用,膨润土都从土仓壁上添加,渣土改良效果大打折扣。

(3) 刀盘初装保径刀设计数量偏少(6把),其对外圈梁及边刮刀保护作用不强,当推进时遇见大量砾石堆积在刀盘底部时,很容易损坏保径刀、边刮刀,最终直接作用于刀盘外圈梁,导致刀盘外圈梁变形、磨损异常严重。

(4) 该刀盘先行撕裂刀比切刀设计高出30~40mm,推进速度长期维持在50~60mm/min,刀盘贯入度偏大,导致先行撕裂刀对切刀的保护作用减弱,切刀被迫直接参与撕裂土体,导致切刀磨损加剧、使用寿命下降。

3) 问题处置

刀盘刀具磨损修复情况见表5-3。

刀盘刀具磨损修复情况　　　　　表5-3

磨损部位	修复方案	
外圈梁	补焊外圈梁耐磨复合钢板（左线）	整体更换"外圈梁+耐磨复合钢板"（右线）
保径刀	增加新保径刀数量至12把（左右线）	
边刮刀	更换12把新边刮刀并加强母体保护（左右线）	
先行撕裂刀	更换60把新先行撕裂刀，将贝壳形刀头改为矩形以提高其耐磨性（左右线）	

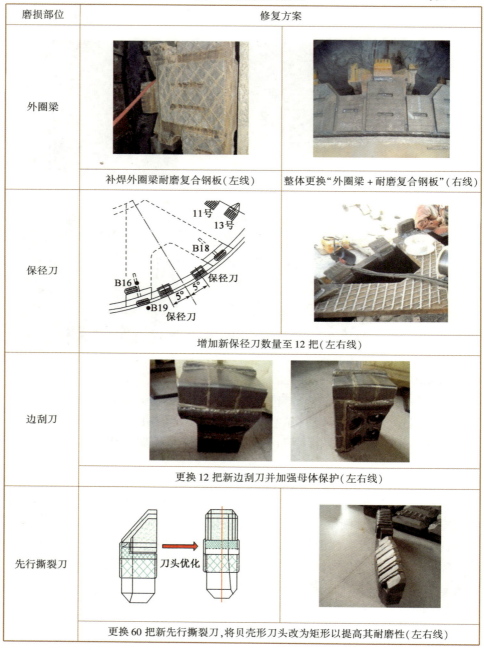

续上表

磨损部位	修复方案
切刀	 根据磨损检测结果,同时考虑刀盘整体切削性能,更换全部新切刀(左右线)

4)经验总结

(1)砂砾地层石英含量高、磨蚀性强,应重点加强对刀盘外圈梁和边缘刀具的耐磨设计,尽量增加保径刀数量。

(2)土压平衡盾构机掘进时一定要及时疏通刀盘内置泡沫、膨润土通道,保证刀盘前方掌子面位置有效发挥渣土的改良作用。

(3)注意控制刀盘贯入度,避免先行撕裂刀对切刀的保护作用被减弱。

5.1.1.3 案例3:普通刀盘中心区域异常磨损

1)现象描述

某地铁项目 $\phi 6.46m$ 土压平衡盾构机在穿越区间右线70余米上软下硬段地层(上部为粉质黏土,下部为石英砂岩)时,前50m历经2次带压进仓换刀作业,在第二次换刀后掘进期间,盾构机突然出现掘进速度骤降、出渣量偏大异常现象,随后刀盘扭矩限制器频繁脱扣,导致无法正常掘进。根据以往掘进经验判断为刀盘或刀具已经磨损,现场带压进仓检查并更换了8把正面滚刀(注:中心区域刀具未检查更换),随后出现掌子面顶部坍塌现象,为保证人员安全,停止了带压换刀工作。为确保盾构机通过掌子面坍塌区后安全换刀,恢复掘进了2环,掘进速度为2~3mm/min并伴随喷涌现象,随后刀盘处地面出现塌陷(直径约2.8m)。

为确保安全,采用地面加固措施后进行了进仓检查工作。经检查发现:刀盘中心部位有较大的磨损,中心直径2.7m区域内刀盘严重磨损,如图5-5所示;4把双刃滚刀、8把单刃滚刀、6把切刀全部掉落,其他滚刀均存在不同程度的磨损,如图5-6所示;刀盘面板和辐条主梁等结构件也存在不同程度的磨损;刀盘磨损严重,已无法进行正常的掘进工作。

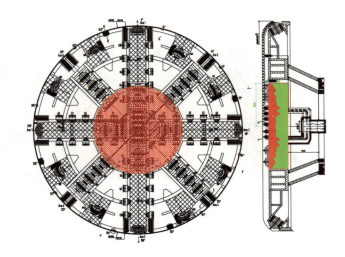

图 5-5　刀盘磨损区域示意图

图 5-6　滚刀、切刀脱落及磨损

2）原因分析

（1）刀盘故障区域为上软下硬的复合地层，隧道断面由 70% 石英砂岩和 30% 粉质黏土组成，且现场实际揭示的石英砂岩强度远高于地勘强度，该地层对刀盘刀具磨损影响较大。

（2）因地层不稳定中止了带压作业，导致刀具检查不彻底，中心区域刀具没有进行更换，继续使用会加剧刀具磨损失效，进而导致刀盘本体结构磨损。

（3）掘进参数异常突变时未及时停机研究对策，随后强行掘进导致刀盘严重受损。

3) 问题处置

采取地表袖阀管和数根桩注浆加固土体稳定地层,然后在盾构机切口处开挖小竖井(截面尺寸 1650mm×1800mm,深 18m)修复刀盘。

4) 经验总结

(1) 施工前应做好地质详勘及补勘工作,不打无准备之仗。

(2) 在高磨蚀性或复杂工况地层掘进时,刀具更换必须严格遵守"有疑必检、有损必换"原则,不能存在侥幸心理,问题刀具往往在 1~2 环掘进循环内就会损坏失效,彻底失去保护刀盘本体的作用。

(3) 加强培训,增强技术人员、主司机责任意识及对异常掘进参数的敏感度。

5.1.1.4 案例 4:常压刀盘常压切刀整体脱落

1) 现象描述

某大直径泥水平衡盾构机掘进时常压刀盘中心锥突然出现了大量泥浆涌入,约 2min 后中心锥 2 个常压换刀臂被泥浆灌满,如图 5-7 所示。经现场检查发现:某常压切刀 10 颗 M20 螺栓全部断裂,整体退回至中心锥内,使得常压换刀区域与掌子面直接连通,造成泥浆大量瞬时涌入,后果极其严重。

图 5-7　常压刀盘中心锥内泥浆涌入

2) 原因分析

(1) 常压刀盘前方孤石形成堆积,对常压切刀产生较大的轴向挤压力,致使常压切刀连接耳板变形,连接螺栓在弯曲状态下断裂,导致常压切刀整体退回。

(2) 现场刀具螺栓紧固主要采用风动扳手,紧固力矩可能不一致,且常压切刀刀筒安装高度(不装刀具时的最高尺寸)设计较高,导致承受轴向挤压力的概率更高。

3) 问题处置

在常压切刀与刀盘结构的紧固面后方,增加防退回盖板,如图 5-8 所示。盖板采用厚度 20mm 钢板加工,距离常压切刀后端盖 80mm,采用 M20×230mm、12.9 级螺栓直接与刀座连接。当常压切刀连接螺栓断裂而往中心锥内退回 80mm 时,其挤压力会得到释放,新增盖板起到二次保护作用,确保常压切刀不会整体退回,仍然处在密封状态,安全可控。

图 5-8　常压切刀防退回盖板

4) 经验总结

(1) 盾构掘进前必须确保中心锥仓门完全封闭,掘进过程中主司机要密切关注中心锥仓内情况。

(2) 常压刀盘常压滚刀及切刀的刀筒和闸门密封座必须增设机械止退装置和传感预警系统。

(3) 在硬岩及复合地层掘进期间,换刀班组要逐环对刀筒和闸板螺栓以及止退装置等进行检查;若发现有螺栓松动、断裂等异常情况应立即停机处理,同时提高检查频次,直到后续检查没有问题后再逐步降低到原来的检查频次。

5.1.1.5　案例 5:常压刀盘常压滚刀旋转状态检测失效

1) 现象描述

某大直径泥水平衡盾构机始发期间,陆续出现了常压滚刀旋转检测装置失效情况,严重影响了盾构机正常掘进。由于处于始发试掘进段端头加固区内,经进仓检查 45～75 号滚刀轨迹清晰可见,实际处于旋转状态,滚刀自带的旋转检测传感器无信号反馈,刀具状态在线监测系统界面显示为红色报警。

2) 原因分析

(1) 滚刀转速传感器密封问题

初步分析认为因密封缺陷导致常压滚刀旋转检测传感器进水失效的可能性

较大,随后加工了 10 套新型滚刀转速传感器进行测试,测试结果排除了传感器进水失效的可能性,如图 5-9 所示。

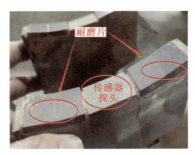

图 5-9　新型滚刀转速传感器和原装传感器

(2)信号接收问题

经检查发现,该常压滚刀刀体结构上嵌入的感应磁铁普遍存在 1～2mm 磨损量,个别磁铁存在裂纹,导致旋转传感器探头部分无法正常感应检测到滚刀的自转状态,如图 5-10 所示。

图 5-10　常压滚刀感应磁铁(已磨损和未磨损)

3）问题处置

在工厂试验分析后发现，常压滚刀出厂使用的 φ6mm 感应磁铁在磨损 1mm 后感应距离会变短，导致传感器无法检测到感应磁铁。制造厂家分析后将传感器 U 形外壳安装面切薄来缩短传感器与感应磁铁的距离，将常压滚刀刀体上感应磁铁改为以增强磁性（图 5-11），并将每把常压滚刀感应磁铁数量由 4 个增加到 8 个，以增强感应强度。处理后效果改善明显，在后续掘进中常压滚刀旋转检测装置未再出现类似问题。

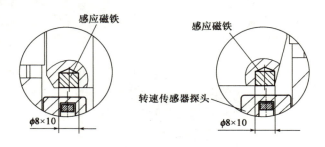

图 5-11 滚刀感应磁铁规格（尺寸单位：mm）

4）经验总结

（1）常压滚刀在线检测传感器工作环境恶劣，特别在高水压、刀盘振动、刀筒积渣磨损等复杂工况下极易损坏，必须严格把控刀具检测传感器的设计和安装质量。

（2）每次常压滚刀安装完成后，需人工旋转刀具，确保转速传感器通过滚刀上的感性磁铁时正常计数且温度正常。

（3）为延长刀具监测传感器使用寿命，要保持常压刀盘中心锥仓内干净，避免刀具检测信号传输线、发射器进水、泥浆、油污等；每环应及时对刀具在线监测系统线路、插头及时进行检查，必要时进行清理、紧固。

5.1.2 中心回转接头典型故障案例分析

5.1.2.1 案例 1：中心回转接头两半扣异常脱落

1）现象描述

某地铁项目 6m 级土压平衡盾构机在掘进过程中，渣温升高至 46℃，泡沫系统正常、刀盘扭矩正常，上位机主监控界面显示刀盘图像不转动（实际刀盘转速 1.5r/min）。经现场检查发现中心回转接头无法转动，初步判断土仓内中心回转接头两半扣脱落,泡沫软管全部折断。在掘进至全断面硬岩段时进行常压开仓作业,确定中心回转接头两半扣脱落,如图 5-12 所示。

图 5-12　土仓内中心回转接头情况

2)原因分析

中心回转接头土仓内两半扣长期受振动影响,导致焊缝开裂、两半扣脱落。

3)问题处置

(1)拆除刀盘 L 形梁前部与侧面盖板,拆除折断的泡沫管。

(2)安装新加工的泡沫管路,如图 5-13 所示。

图 5-13　更换泡沫管路

(3)安装新加工的两半扣和刀盘 L 形梁两个盖板,并焊接固定中心回转接头两半扣;疏通刀盘泡沫暗管管路及渣土改良喷头,如图 5-14、图 5-15 所示。

(4)调试泡沫系统,清仓打捞两半扣,恢复掘进。

图 5-14　安装焊接两半扣　　　　图 5-15　疏通泡沫暗管及喷头

4)经验总结

(1)中心回转接头两半扣安装完成后,需焊接固定两半扣。

(2)在全断面硬岩地层掘进时振动较大,每次常压开仓应检查两半扣是否存在脱焊等异常情况。

(3)确保中心回转接头旋转编码器有效使用,在刀盘转动时可做有效参考。

5.1.2.2　案例 2:中心回转接头内堵塞异物

1)现象描述

某项目土压平衡盾构机刀盘上共有 3 个膨润土注入孔,位置分别在刀盘 180°、300° 及中心。在推进过程中发现 3 个膨润土管路全部堵塞,无法正常注入膨润土浆液,掌子面土体无法得到改良,具体表现为刀盘扭矩升高,在同等推力下推进速度明显降低。

2)原因分析

中心回转接头内部通道被石子等异物堵塞,导致膨润土浆液流通不畅。

3)问题处置

(1)疏通液压油管

制作疏通管路专用的耐高压变径接头,将外部液压油管通过专用接头接到中心回转接头膨润土接口位置,点动液压泵站打压操作,压力控制在中心回转接头密封承压范围内(6MPa 以下),接近时立即停止,如此反复操作。

(2)使用化学溶剂腐蚀堵塞物

将中心回转接头打开,向内加注化学溶剂(注:可与石子、尼龙及水泥发生反应,不可与钢材、橡胶密封发生反应),等待反应 5h 后,再加入新溶剂,继续与堵塞物反应,如此往复几次。使用溶剂后 24h,将管内溶剂用清水冲净,把膨润土管接到中心回转接头进行试用。

(3)拆解疏通中心回转接头

若液压油、化学溶剂疏通方法效果不好,按照盾构机设计结构可以将中心回转接头拆除后进行解体、疏通,如图 5-16 所示。

图 5-16 拆下的中心回转接头

4)经验总结

(1)在膨润土罐上加盖,防止上方附近位置皮带机上掉落的石子进入膨润土罐内。

(2)在膨润土罐注入口上加装滤网,防止管内进入异物。

(3)使用前将每条膨润土管道用清水冲洗 2~3min,以清除已进入管道内的杂物。

5.1.3 主轴承典型故障案例分析

5.1.3.1 案例 1:主轴承内齿圈工作面损伤缺陷

1)现象描述

通过对一套进口 $\phi 2.6m$ 盾构主轴承拆解检测,发现存在以下问题:内齿圈安装端面擦伤、内齿圈径向滚道面平行挤压痕、内齿圈径向滚道软带区域附近出现剥落、内齿圈反推力滚道软带区域附近出现挤压伤现象,见表 5-4。

主轴承内齿圈损伤情况　　　　　　　　　表 5-4

损伤情况描述	损伤图示	损伤面
内齿圈安装端面沿圆周方向多出擦伤，个别地方已出现轻微塑性变形凸起，手摸凹凸感明显		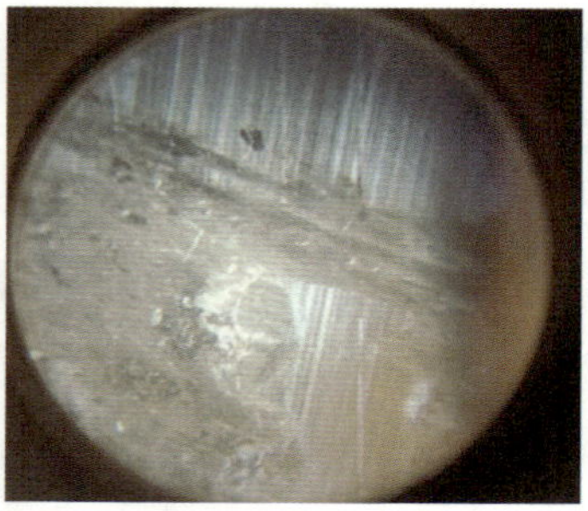
内齿圈径向滚道面整个圆周均存在有两条平行的挤压伤现象，个别地方有明显的挤压塑性变形，手摸凹凸感明显，两条平行挤压痕迹之间的距离与轴承径向滚子的长度一致	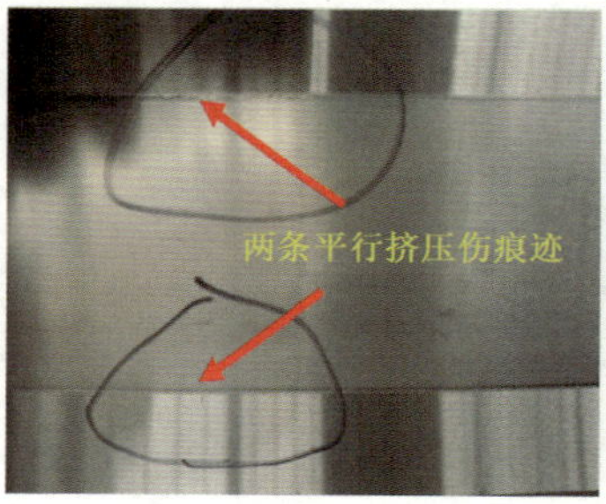 两条平行挤压伤痕迹	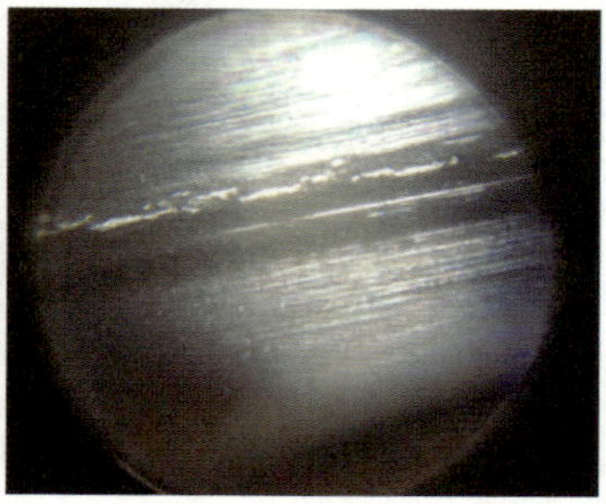
在径向滚道软带区域附近存在有明显的剥落现象，剥落最大深度超过2mm，剥落区域面积为110mm×52mm	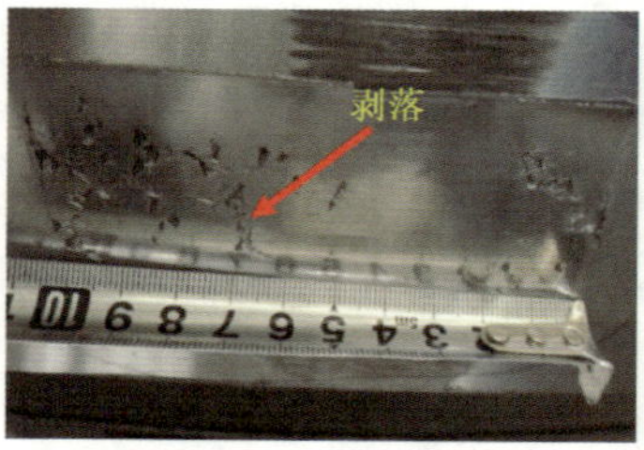 剥落	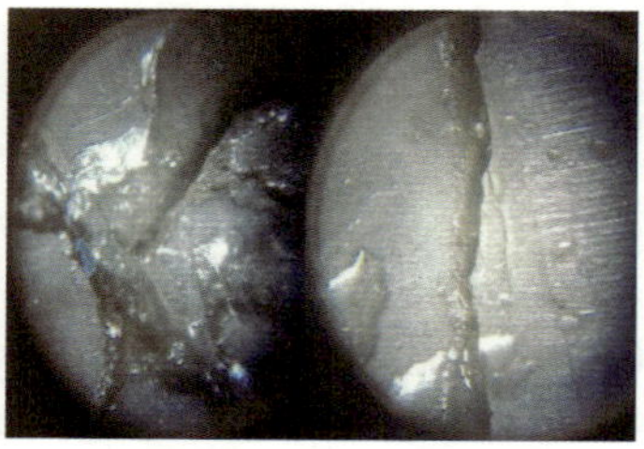
内齿圈反推力滚道面软带两侧沿圆周方向存在两条长约5cm的挤压伤，手摸凹凸感明显，使用显微镜可观察到明显的挤压塑性变形	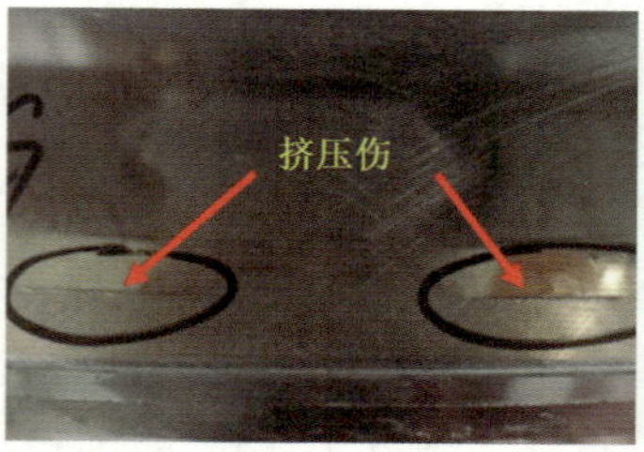 挤压伤	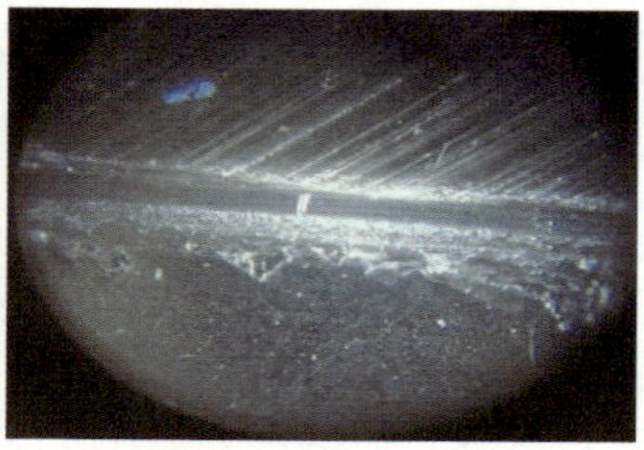

2)原因分析

(1)内齿圈安装端面擦伤失效原因分析

经拆检发现内齿圈端面O形圈已变形,且充满了密封槽并凸出内齿圈安装端面(图5-17),分析该O形密封圈直径选取过大,导致轴承内齿圈安装端面与其相对应的安装配合面之间因凸出端面的O形密封圈而不能紧密贴合,导致轴承内齿圈在使用过程中两安装配合面圆周方向会发生相对滑移,从而产生擦伤现象。

图5-17 内齿圈安装端面使用后的O形密封圈

(2)内齿圈径向滚道挤压伤及剥落原因分析

经过对径向滚子凸度和内齿圈径向滚道软带区域淬硬层深度进行检测,检测结果发现:径向滚子的实际凸度约为5μm(图5-18),远低于其他进口盾构主轴承相同滚子尺寸滚子的凸度,在滚子与滚道接触过程中滚子靠近倒角边缘处容易产生应力集中,从而导致径向滚道圆周出现两条平行的挤压伤。

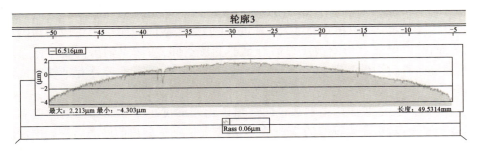

图5-18 径向滚子轮廓图

径向滚道软带剥落区域边缘左侧硬化层深度实测值为 2.1～3.1mm，右侧边缘硬化层深度为 2.6～3.1mm，远低于行业标准《滚动轴承 转盘轴承》（JB/T 10471—2017）套圈滚道有效淬硬层深度要求（≥3.5mm），因此判断硬化层深度较浅是该区域产生剥落的主要原因。

（3）内齿圈反推力滚道挤压伤原因分析

该盾构主轴承反推力滚子尺寸为 $\phi 40mm \times 39.1mm$，通过反推力滚子轮廓曲线（图 5-19）可以看出，反推力滚子凸度曲线出现"凹心"现象，即滚子直径两端大中间小，在滚子与滚道接触过程中滚子靠近倒角边缘处容易产生应力集中现象，因此，反推力滚子凸度曲线出现的"凹心"现象是内齿圈反推力道软带附近出现挤压伤的主要原因。

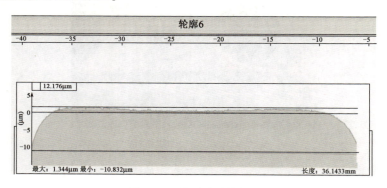

图 5-19 反推力滚子轮廓图

3）问题处置

委托专业厂家对轴承内齿圈、径向滚子缺陷工作面进行修磨或更换，并保证维修质量符合相关行业标准要求。

4）经验总结

（1）O 形圈直径应大于密封槽深度，保证 O 形圈密封安装后有相应的下压量，下压量可参考《机械设计手册》选取；O 形圈横截面积应小于对应密封沟槽横截面积，以保证 O 形圈被压缩后有足够变形空间；盾构主轴承安装端面修磨后，该端面密封沟槽深度变浅，应重新计算配套的 O 形圈是否具有足够的变形空间。

（2）直径 3m 级盾构主轴承径向滚道硬化层深度小于 5mm 时，则滚道剥落风险会加大；对于需要维修的主轴承，要重点评估轴承滚道面修磨后淬硬层深度进一步变浅对轴承使用带来的影响。

（3）对于盾构机主轴承滚子的修磨或更换，必须要保证维修或更换后的滚子凸度与原装滚子凸度基本一致。

5.1.3.2 案例2：φ4.8m主轴承整体失效

1）现象描述

某直径11m级泥水平衡盾构机采用φ4.8m主轴承，经过约4.7km长度施工掘进后，进行较长时间的露天存放。再次恢复使用前对主轴承进行拆检，发现主推力滚子多数已破碎成鹅卵石状，其保持架全部散架；反推力滚子多数表面锈蚀，多数保持架存在断裂散架；径向滚子部分保持架断裂；主推力滚道表面整体锈蚀严重，表面存在电容蚀坑、磨损坑；主轴承内部进入大量泥浆、砂石等异物，如图5-20所示。

a）主推较完整滚子

b）拆解开主推滚子

c）主推滚子

d）主推滚子保持架

图5-20 主轴承拆检实际情况

2）原因分析

（1）经了解，主轴承在应用期间在高水压7bar环境下长时间掘进，密封油脂注入不到位造成泥浆突破密封系统，加剧了密封和跑道面损坏，致使泥浆、硬质颗粒物等进入主轴承内部，在重载作用下逐步损坏。

（2）盾构机组装或洞内焊接刀盘时，搭铁线未严格按标准放置，致使主轴承滚子和滚道面接触处有大电流通过，产生了电熔蚀坑（图5-21），电熔蚀坑随着运转时间的延长,逐渐剥落并呈扩大趋势,最终导致主轴承滚子及滚道面损坏。

图 5-21　主轴承电熔蚀坑

(3)长期存放维护不到位,导致内部锈蚀严重。

3)问题处置

主轴承内部关键零部件已严重损坏,已无维修价值,故报废换新。

4)经验总结

(1)对于在砂卵石、泥岩、软硬不均地层及高水压等复杂地质工况条件下施工的盾构,施工全程应增加对主轴承油品杂质的检验频率,避免因为轴承内部滚道锈蚀、压痕等边缘过早出现疲劳剥落而影响到轴承的正常运转,如有条件最好使用主轴承齿轮油状态在线监测系统,以实现油水污染情况实时监测,起到提前预警作用。

(2)盾构机主轴承润滑油脂和密封油脂的注入量和注入压力要有保证,主轴承润滑孔道须时刻保持油路畅通,做好油脂用量统计,根据掘进情况变化合理调整油脂用量。

(3)若在盾构主驱动系统附近进行焊接作业,搭铁线位置必须严格按标准放置,避免电流通过主轴承造成电熔蚀坑。

(4)对于长时间存放的设备,如拆机存放或整体存放但不能通电转动的盾构机,首先应保证油箱内加注满齿轮油并进行防雨遮盖,并且要定期检查和更换油液,加注、涂抹油脂。对于具有通电运行条件的设备应定期运转润滑。

5.1.4　主驱动密封系统典型故障案例分析

5.1.4.1　案例1:主轴承外密封泄漏检测腔窜入齿轮油

1)现象描述

某地铁项目 $\phi 6.28m$ 泥水平衡盾构机在始发调试期间,首次开启主轴承外密封齿轮油泄漏检测孔 LA2 处球阀时,发现有齿轮油流出,如图 5-22 所示。

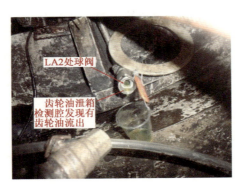

图 5-22　主轴承外密封泄漏检测腔外接球阀处齿轮油溢流

2)原因分析

经了解该主轴承外密封跑道存在磨损凹槽,采用"车削至跑道磨损深度 + 配装耐磨钢带"工艺进行修复,如图 5-23 所示。该耐磨钢带采用热装法安装,钢带与跑道之间安装精度不高、贴合不紧密(存在间隙),且两段耐磨钢带轴向搭接位置刚好处于外密封齿轮油腔中,主轴承外密封齿轮油腔内的齿轮油经过此间隙窜入外密封泄漏监测腔,导致外接球阀开启后发现齿轮油流出。

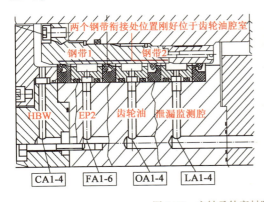 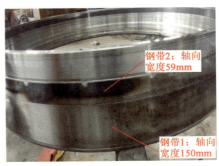

图 5-23　主轴承外密封跑道增加耐磨钢带

3)问题处置

对主轴承第 2 道外密封腔(EP2)、第 3 道外密封腔(齿轮油)进行建压试验,测出第 1、2 道外密封承受的压力,并将第 3 道外密封腔(齿轮油)改为注入 EP2

油脂,确保关键部位外密封的密封性能满足盾构机施工要求。

4)经验总结

(1)若主轴承密封跑道与密封接触位置磨损严重,仅调整密封位置已无法错开跑道磨损凹槽,可采取将密封跑道整体车削至磨损深度,然后在跑道外圈焊接耐磨钢带(耐磨钢带尺寸由车削量确定)。为保证密封唇口与跑道接触位置的贴合性,必须确保车削后的跑道整体尺寸精度和耐磨钢带安装精度符合设计要求。

(2)对于磨损较严重的主轴承密封跑道,可采用"氩弧焊堆焊 + 车削或磨削"工艺技术对跑道磨损凹槽进行修复。

5.1.4.2 案例 2:主驱动密封系统失效进水

1)现象描述

某土压平衡盾构机在掘进过程中主轴承齿轮油泵多次跳闸,齿轮油流量监测显示为 0,停机检查主轴承齿轮油系统各部件工作正常,拆解流量传感器时发现齿轮油样异常,随后将主轴承齿轮箱底部球阀打开后,发现有清水流出,排除约 1000mL 清水后有油液流出,油液呈黄色,黏度较高,目前无法正常使用。检查主驱动 HBW 和 EP2 油脂注入情况,HBW 油脂阀和 EP2 黄油分配阀均有油脂注入。随后更换主轴承齿轮油,放油 13 桶左右。期间 HBW 和 EP2 油脂间断性注入,主轴承齿轮油放完后,加入 3 桶液压油清洗主轴承齿轮箱,发现齿轮油箱底部有清水,水量在 100L 左右,排完水后 5min 左右有进水,立即通知主控室把土仓压力由 3.4bar(1bar = 0.1MPa)降为 0bar,降为 0bar 后无进水。最后现场采取措施排查进水原因,怀疑是主轴承外密封失效。

排查过程如下:

(1)拆除热交换器齿轮油管,没有发现有水进入油管中,将热交换器水管拆除,加 7bar 压缩空气后热交换器正常保压,无泄漏。

(2)检查所有主驱动减速机油位正常,无水串通现象。

(3)检查油道 HBW、EP2 油脂分配阀注入量,注入量正常。

(4)所有管路连接检查结果与图纸相符正确。

(5)通过对土仓内逐步加压检查主轴承密封是否损坏,打开主轴承上泄漏油口,土仓内开始逐步加压,每次加压 0.2bar,并同步观察主轴承油口泄漏情况。当加至 1.0bar 时,泄漏油口有清水流出,怀疑主轴承外密封失效。

2)原因分析

(1)该盾构机主驱动密封采用 4 道唇形密封形式,配合 HBW 油脂和 EP2 油脂的不断注入,从而阻止外界杂质进入,起到密封作用,如图 5-24 所示。密封圈工作压力为预压紧力与外界土仓压力之和。当土仓内压力增大时,密封更加紧贴密封跑道环,密封性能增强;当土仓压力进一步增大时,密封可能会出现唇口翻边,导致密封失效;倘若压力再增大也会出现密封被击穿现象,土仓内泥沙通过主轴承密封系统进入主轴承齿轮箱中。

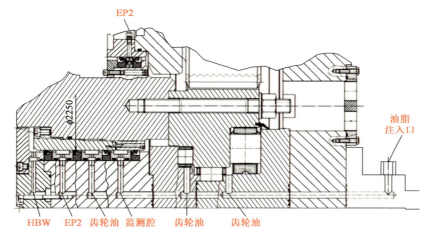

图 5-24 主驱动密封系统示意图

（2）主驱动密封磨损。密封油脂注入量不足,则土层中的泥砂会进入润滑通道,磨损主驱动唇形密封。

（3）齿轮箱中传动部件磨损,金属磨粒从后部进入到主轴承密封腔中,铁屑等颗粒夹杂在密封和跑道环之间,在运动过程中导致了主轴承密封受损。

（4）其他非使用原因。密封质量本身原因导致密封受损;工厂装配过程中密封未正确安装,导致密封性能下降。

3）问题处置

（1）停机加固地层,常压进仓更换原装主驱动密封件,安装过程中记录好每道密封的安装方向和深度尺寸,同时对密封系统各油脂孔道进行疏通,确保各油脂孔道出脂量满足正常施工要求。

（2）对原主驱动密封系统进行改造,主要措施包括:

①原机主轴承迷宫密封系统及其密封润滑系统均未设计有压力检测能力,在原 HBW、EP2 注入点合适位置安装压力传感器,对主轴承 HBW 和 EP2 油脂腔内压力进行实时监控,压力异常时可报警。

②在主轴承密封泄漏监测腔出口安装称重传感器,实时监测泄漏情况,漏油量异常时可报警。

③加装主轴承EP2密封背压装置,即在原主轴承密封齿轮油腔出口接入齿轮油罐保压机构,当土仓压力超过3bar时对齿轮油保压罐进行充气操作,实现主轴承齿轮油腔压力建立,从而为EP2密封提供背压,防止唇形密封受压反向,同时提供一定的密封润滑作用。

4)经验总结

(1)盾构施工属于地下作业,密封部件损坏后很难更换,除了优化密封系统设计,还要在装配、使用过程中实时监控影响密封使用性能的不利因素,保证密封系统正常工作。

(2)在盾构施工过程中,密封系统对岩石、泥沙、水等非常敏感,密封润滑系统必须保证持续正常工作,各工作参数要满足设计要求。各密封腔的压力监测也很重要,当压力异常时要及时采取措施保证密封不受损坏。

5.1.4.3 案例3:主轴承密封齿轮油外泄故障

1)现象描述

某地铁项目 φ6.28m 土压平衡盾构机始发前调试刀盘系统时,在添加主轴承齿轮油过程中,发现主轴承外密封压环部位有大量齿轮油泄漏,如图5-25所示。

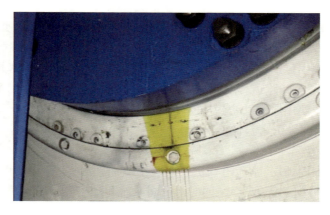

图5-25 齿轮油外泄部位

2)原因分析

根据图5-26可知,外泄齿轮油来源可能存在两处:①外密封跑道环外圆周面与外密封唇口之间预紧压力不足或存在安装间隙,导致齿轮油外泄;②外密封跑道环内圆周面与刀盘驱动盘之间O形圈失效或形成间隙通道,导致齿轮油外泄。

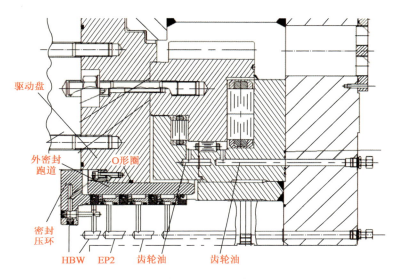

图 5-26　主轴承外密封系统结构示意图

经了解，该盾构机进场前检修过程中，已更换主轴承密封，针对外密封跑道环外圆周上的磨痕，调整了外密封跑道轴向位移，以确保外密封唇口避开跑道磨槽位置。但在调整外密封跑道环轴向位置时，未对外密封跑道环内圆周面以及与驱动盘之间的O形密封圈进行检查，故判断齿轮油从外密封跑道环内圆周面外泄的可能性更大。在始发井下拆下密封压环后，可以明显看出齿轮油从内圆周泄漏（图5-27），通过调整外密封跑道环轴向位移，齿轮油外泄量明显减小，可判定为外密封跑道环与刀盘驱动盘之间O形密封圈失效引起齿轮油外泄至土仓。

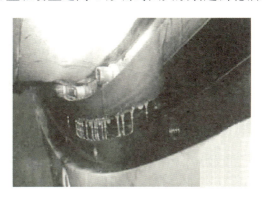

图 5-27　主轴承外密封跑道环拆除后齿轮油外泄痕迹

3) 问题处置

结合现场情况,在始发井下先拆下刀盘,将主轴承外密封压环向外顶出,依次拆除主轴承外密封、密封隔环,清洗外密封跑道环内圆周面,更换外密封跑道环与刀盘驱动盘之间的 O 形圈(注:原 O 形密封圈已老化磨损),清洗主轴承外密封及隔环后重新组装。重新添加主轴承齿轮油,观察主轴承外密封压环部位,无齿轮油外泄,开启主轴承润滑系统,运转轴承,运行正常。

4) 经验总结

本案例主轴承外密封跑道环调整过程中,未将外密封跑道环内圆周面的密封性能纳入检测项目中,这对主轴承密封系统检修工作起到了警示作用。

5.1.4.4 案例4:主轴承密封齿轮油保压罐液位异常

1) 现象描述

某直径 13m 级泥水平衡盾构机在掘进过程中,发现主轴承外密封齿轮油腔外接齿轮油保压罐(作用:建立密封背压)高液位报警,现场检查发现该齿轮油保压罐液位已满,并在罐内发现大量类似油脂物质。

2) 原因分析

首先,对齿轮油取样检测:运动黏度增加,水分含量、饱和度无异常,初步排除齿轮油进水情况。然后,对主轴承外密封系统油脂注入管路进行排查,发现 HBW 油脂通道 CA11 与密封齿轮油腔充压预留孔 OA4 接反,如图 5-28 所示。

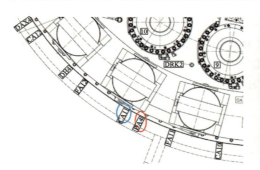

图 5-28 HBW 与齿轮油腔管路接反

3) 问题处置

由于 HBW 油脂黏度较高,先用液压油对齿轮油密封油腔进行清洗,再利用齿轮油进行二次清洗,最后直接加注保压罐齿轮油进行冲洗置换后即可恢复掘进。注意事项:由于齿轮油保压罐内充有约 1.5bar 压缩空气,加注齿轮油时应先降低充压气源压力或关闭充压气源,但此过程需研判外部压力对主轴承密封系统的影响,然后进行齿轮油加注。加注完成后恢复齿轮油保压罐系统各项功能后,启动刀盘检查压力、液位是否异常,无异常后恢复掘进,后续掘进过程中应持续关注相关参数情况。

4)经验总结

(1)现场环节

盾构始发前应对主驱动系统所有流体管路进行全面复核,避免出现漏接、错接情况。同时施工掘进过程中应加强油脂、油料用量、液位跟踪记录,若有异常及时反馈进行处理。

(2)监测过程

对盾构机关键部位油液进行定期取样检测,对于油液检测发现的问题(如黏度异常升高或降低、杂质含量增加等)应引起足够重视,及时进行油液更换和现场排查。

(3)处理方式

如出现类似问题,应首先排除外部因素,如管路接错、人员误操作、上位机错误信息等低级原因,再排查主轴承及密封系统内部问题。排查方式应由小及大,由外至内。

5.1.4.5 案例5:大直径盾构机主轴承密封失效

1)现象描述

美国西雅图SR99公路隧道采用土压平衡盾构机"伯莎"号(日立造船株式会制造,外径17.45m),在淤泥质粉砂、粉砂质黏土地层掘进300m左右时,盾构机主控室内可编程逻辑控制器(PLC)发出了过热警报,刀盘位置出现了140℃异常高温,停机开仓检查发现刀盘开口已经大面积被泥饼覆盖,主轴承密封圈在高温工况、泥沙堵塞等影响下发生了破损,同时主轴承内部齿轮结构也出现了损伤。

2)原因分析

(1)在超大直径土压盾构机掘进过程中,出现了刀盘结泥饼、土仓压力不均、局部水土压力增大、刀盘处高温,主轴承密封系统油脂压力减小等现象,导致土仓渣土颗粒进入主轴承密封系统,造成密封损伤失效,使得主轴承在较短时间内发生严重损坏。

(2)该盾构机主驱动密封系统设计适应性差,不满足实际施工需求。

3)问题处置

停机开挖竖井,更换主轴承和主密封,并对原密封系统结构设计形式进行了优化改进,如图5-29所示。

图 5-29 竖井更换主驱动

4)经验总结

(1)随着盾构刀盘直径的增加,荷载也随之增大,所配置的主轴承尺寸若不能完全匹配,将导致接触疲劳引起的轴承损坏风险增大;随着盾构直径增大,渣土仓压力分布不均的概率增大,若主轴承前仓局部压力超出密封和油脂阻力,就会导致主轴承密封失效风险概率增大。

(2)随着盾构直径的增大,由于受到制造的限制及影响,刀盘中心的开口率也随之降低,在掘进中,使盾构刀盘结泥饼的风险和概率大大增加。

5.1.5 主驱动减速机典型故障案例分析

5.1.5.1 案例 1:主驱动减速机异响故障

1)现象描述

某地铁项目 $\phi 6.28m$ 泥水平衡盾构机在掘进过程中,1 号、2 号、4 号、5 号主驱动减速机陆续出现异响,同时刀盘扭矩明显波动,随即对齿轮油取样进行检测时发现大量肉眼可见铁屑、油泥。停机拆除主驱动减速机并委外检修,拆检后发现输出立轴变形、三级行星轮碎裂、花键套锈蚀,如图 5-30 所示。

图 5-30　主驱动减速机内部损坏情况

2）原因分析

（1）设备老化。该盾构机累计掘进 6km，主驱动减速机因其内部轴承老化及内部齿轮磨损、结构件锈蚀等原因，导致其在抗冲击和持续高扭矩运转状态下工作时性能降低。

（2）盾构机参数与实际地层参数不匹配。该项目地层为全断面圆砾层、粉砂质泥岩，在泥岩段掘进时盾构机额定扭矩需要维持在 4000kN·m 左右才可满足施工需求。该盾构机额定扭矩为 5000kN·m，但实际掘进中扭矩若超过 4000kN·m，刀盘则会频繁跳停。同时，由于地层原因主驱动减速机长时间处于超负荷状态。

（3）减速机维修质量不过关。该盾构机 5 号主驱动减速机修复安装后，在掘进 100 多环后再次发生同样问题，因此存在维修质量不过关的可能性。

3）问题处置

（1）更换主驱动减速机内部损坏配件，保证装配精度质量。

（2）在掘进过程中尽量控制刀盘扭矩波动，减小对减速机的冲击影响。

（3）定期对主驱动减速机齿轮油进行油液监测，及时更换不合格油液。

4）经验总结

（1）相同规格条件下，盾构机主动力参数设计值应留有足够储备空间，避免因地层突变等不可控因素,造成设备关键系统长时间高负荷运转,进而影响设备性能和使用寿命。

(2)对于液压马达、液压泵、减速机等部件应重点加强管理和维护,如有异常,应立即停机进行处理,严禁带病作业。

(3)定期对主驱动齿轮油进行取样检测,对减速机进行振动监测,发现异常时及时采取有效措施解决。

(4)在盾构机操作过程中,应注意参数优化,尽量控制扭矩频繁波动。

(5)主驱动减速机委外检修时,应重点做好更换配件及装配的质量控制。

5.1.5.2　案例2:主驱动减速机二、三级机构滚动轴承失效

1)现象描述

某地铁项目 φ6.28m 土压平衡盾构机在正常掘进至 528 环时,突然出现刀盘扭矩大幅度波动现象,6 号主驱动电机接近满负荷工作,随后出现 6 号主驱动电机跳停。现场研判 6 号主驱动减速机可能已经损坏,停机对 6 号主驱动减速机解体检查。解体时发现减速机内部整体损坏严重,特别是第三级减速机构的太阳轮、行星齿、太阳轮轴轴承。损坏部件如图 5-31 所示。

图 5-31　6 号主驱动减速机三级太阳轮、行星齿、太阳轮轴轴承损坏情况

2）原因分析

（1）主电机同步性分析

在调试过程中,变频器对电机的控制不同步,可能造成电机之间存在内部受力不均匀,导致电机的转矩上下高频波动,进而引起主驱动减速机疲劳损坏。现场对变频器参数进行了复核,复核结果没有异常,排除了因电机不同步造成减速机损坏的可能性。

（2）减速机解体分析

①根据减速机解体情况发现轴承的失效形式为断裂失效,分析由于刀盘扭矩增加,减速机负荷变大,减速机内部轴承特别是传动扭矩较大的二、三级减速机内部的滚动轴承载荷超过轴承零件材料强度极限,造成轴承零件断裂。

②根据减速机解体情况发现内部齿轮为断齿失效,分析其因短时过载或冲击载荷而产生的折断,齿面较小的太阳轮发生全齿折断,轮毂较薄的行星轮发生开裂。

③结合以往主驱动减速机维修经验,分析 6 号减速机的损坏可能是由于第二、三级减速机行星轮中的滚动轴承受到冲击,支撑架变形、断裂,滚动体进入齿轮啮合区,造成齿轮的断齿,使得减速机卡死,这是此次减速机损坏的主要原因。

（3）保险轴断裂分析

现场拆除 6 号主驱动减速机后,发现位于减速机与小齿轮之间的保险轴也存在断裂情况。经计算可知该主驱动保险轴实际承载扭矩与设计扭矩相当,根据保险轴的脆性断裂现象,可推断是由于减速机损坏卡死,导致保险轴在主轴承与小齿轮之间的啮合带动作用下发生脆性断裂所致。

（4）掘进参数分析

该项目隧道主要穿越地层为细砂层、卵石层、碎石混黏土层,绝大部分为卵石层。标段西部地层为碎石混黏土层,卵石层粒径一般为 60~80mm,最大直径为 100mm;碎石混黏土层含强风化碎石,碎石呈棱角状,粒径一般为 20~40mm,最大粒径为 100mm。施工时,受卵石层的影响,不均匀载荷通过主驱动大齿圈传递给减速机,对减速机冲击较大。

6 号主驱动减速机损坏前一日(4 月 5 日)和损坏当日(4 月 6 日)的掘进参数对比分析如图 5-32 和图 5-33 所示。由图可看出:4 月 5 日 14:19,6 号减速机扭矩开始大幅度波动,同一时段刀盘扭矩也在 0~6000kN·m 范围波动,直至 4 月 6 日 10:20 减速机彻底损坏。4 月 5 日至 4 月 6 日,6 号主驱动减速机最大输出扭矩为 103.4kN·m,超过减速机额定扭矩 92.5kN·m 的比例为 11.78%,超过额定扭矩时间共约 5.5min。

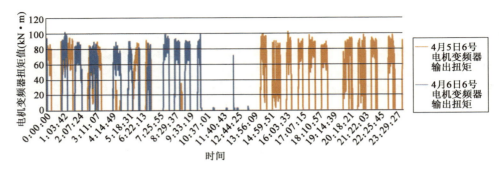

图 5-32　4月5日和6日6号主驱动变频器输出扭矩对比图

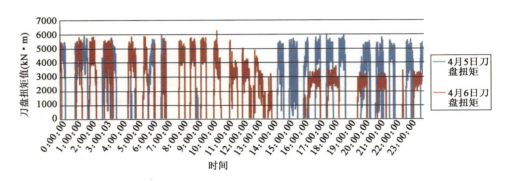

图 5-33　4月5日和6日刀盘输出扭矩对比图

根据盾构机目前所处地层的土层参数及盾构机设备相关参数,可计算出当前地层掘进刀盘所需的理论扭矩为 3193kN·m。将此理论值与减速机损坏前的实际值对比,验证了减速机在长时间受到异常载荷的冲击下,导致其内部二、三级机构比较薄弱的行星轮轴承的损坏,进而引起整个减速机内部严重损坏。

3)问题处置

(1)加强油质检测

对减速机齿轮油质进行周期性检测,可以在减速机发生点蚀过程中及时发现少量的金属屑,提醒用户及时对该减速机内的齿轮油进行更换。在减速机的进一步损坏之前提前拆除更换损坏件,可以避免更严重事故的发生。

(2)加强振动监测

减速机行星齿轮点蚀严重或减速机内杂质超标时,齿轮啮合时振动就增大,可通过振动检测仪进行判断。同时,在齿轮表面剥落、断裂时,减速机因为不能正常工作,也会产生异响。

(3) 合理调整掘进参数

加强对盾构掘进前方地质情况的勘探,针对不同地层选用不同的掘进参数。为避免因地层突变对减速机造成冲击,结合盾构刀盘额定扭矩,在程序中对电气保护进行设置,刀盘扭矩达到额定扭矩 5520kN·m 的 90% 时(即 4968kN·m)推进跳停,达到额定扭矩时刀盘跳停。

4) 经验总结

(1) 盾构施工过程中应加强对主驱动减速机的状态监控,特别在通过大粒径的漂石或孤石地段,应先对开挖面前方 20m 进行超声波障碍物探测,及时查出大块漂石等障碍物,对障碍物进行破除。

(2) 合理地调整盾构掘进参数,防止因刀盘扭矩异常引起主驱动减速机的损坏。

5.1.5.3 案例3:1~5号主驱动减速机严重异常损坏

1) 现象描述

在某密实砂卵石地层施工时,$\phi 6.28m$ 土压平衡盾构机的 1~5 号主驱动减速机陆续出现异常损坏现象,其中在第 2 号减速机损坏时发现主驱动小齿轮齿圈、轴承座损坏,如图 5-34 所示。其余损坏形式主要表现为减速机内部磨损严重、齿轮卡死、齿轮与齿圈未完全分离,并发现大量铁屑,如图 5-35 所示;减速机三级机构太阳轮轮齿全部磨损并脱落,行星轮、内齿圈磨损并全部崩刃,如图 5-36 所示;减速机二级机构太阳轮、行星轮、内齿圈磨损严重,大部分崩齿并相互咬死,如图 5-37 所示;减速机一级机构太阳轮齿面存在压痕及塑性变形,下端有部分锈斑,部分轴承与轴之间接触面部分有磨痕,如图 5-38 所示。

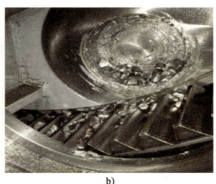

a) b)

图 5-34 小齿轮齿崩刃、小齿轮轴承座损坏情况

图 5-35　减速机内部大量铁屑及磨损情况

图 5-36　减速机三级机构内部损坏情况

第5章 盾构机典型故障案例分析

图 5-37　减速机二级机构内部损坏情况

图 5-38　减速机一级机构内部损坏情况

2)原因分析

(1)经过调取上位机掘进参数历史数据发现:该盾构机在密实卵石地层掘进过程中,刀盘扭矩曾多次出现高扭矩峰值情况,但主驱动系统扭矩限制器并未及时进行脱扣(注:经了解,为避免频繁脱扣导致无法施工,现场适当调高了扭矩限制器脱扣扭矩),无法在瞬时扭矩峰值出现时直接切断高扭矩传递,导致主驱动减速机频繁受到冲击荷载影响,加速了减速机内部轴承等零部件疲劳损伤,严重降低了减速机使用寿命。

(2)针对该进口减速机齿轮材质(类似30CrMo)进行强度计算,其安全系数(即过载系数)达不到该地质条件工况要求,这可能是故障发生的主要原因。

(3)工厂装配时该主驱动减速机部分连接螺栓未装配到位,存在紧固不到位、螺栓孔滑丝的现象,有3台减速机共8颗螺栓未安装,受力不均也可能导致减速机发生故障损坏。

3)问题处置

对该进口主驱动减速机进行拆检分析,并以原装减速机为样板,在基本不改变安装尺寸和外形尺寸的前提下增加减速器的过载系数,新制适应于该地层的国产盾构主驱动减速机。

(1)齿轮材质与热处理工艺对标日本、德国等标准,严格控制齿轮件芯部硬度。

(2)采用20Cr2Ni4A作为齿轮材料,其抗拉强度和屈服强度分别是30CrMo的1.51倍和1.55倍,在正常掘进和脱困工况下国产化减速机齿轮的接触强度和弯曲强度均小于允许值。

(3)对原轴承的损坏情况进行了选型优化设计,新制国产减速机除二级行星轮轴承、三级行星轮轴承采用NBI无外环轴承外,其余轴承均采用SKF轴承。

4)经验总结

(1)针对高冲击性等复杂工况地层,主驱动系统选型设计应考虑充足的安全系数(即过载系数),以更好地应对频繁出现的瞬时扭矩高峰工况,保证关键设备正常使用寿命。

(2)未经盾构机制造厂家同意,扭矩限制器设计标定值严禁随意进行调整。

(3)主驱动系统传动部件螺栓连接应严格按照随机设计扭矩标准值执行。

(4)实现盾构机主驱动减速机自主研制,可以极大缩短产品供应周期,减少资金支出,加快施工进度,保证施工质量和安全,对提升我国盾构施工技术水平有着重大意义。

5.1.6 主驱动扭矩限制装置典型故障案例分析

5.1.6.1 案例1：主驱动保险轴断裂故障

1）现象描述

某直径11m级泥水平衡盾构机在始发掘进至第32环时，发现刀盘扭矩频繁跳动且扭矩上升很快，多次达到上限导致停机。拆除3号主驱动减速机后发现保险轴断裂，随后拆除6号主驱动减速机也同样出现保险轴断裂，最后将剩余主驱动保险轴拆下检查，发现全部都存在不同程度的裂纹，如图5-39所示。

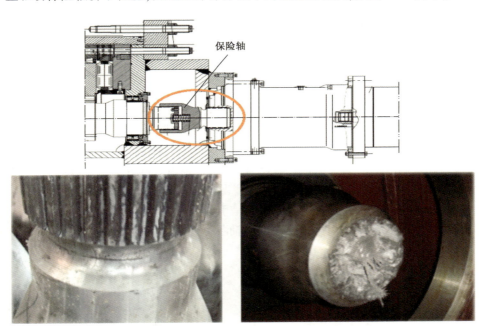

图5-39 主驱动保险轴断裂

2）原因分析

（1）主电机不同步

若盾构机的几台主电机不同步，则会导致各电机受力不均，出现扭矩异常，最后导致保险轴断裂。为了验证这个观点，当即调出盾构机PLC主机中的扭矩数据，查看发现9个电机的扭矩曲线基本一致（图5-40），相互之间的扭矩差值都在很小的范围内，故排除了因电机不同步造成保险轴断裂的可能性。

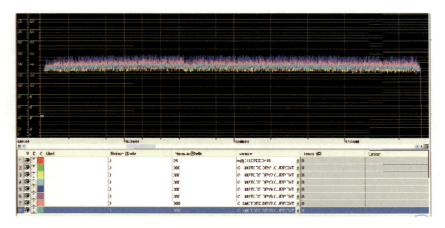

图 5-40　主驱动电机扭矩曲线图

（2）地质突变

通过带压进仓检查掌子面和刀盘刀具情况，没有发现掌子面有异物，但发现掌子面地质与前一段有明显的变化，卵石非常密实，胶结程度非常坚硬，类似于砾岩。盾构刀盘刀具设计选型采用的撕裂刀无法起到松动土体的作用，完全依靠齿刀在破岩，因此，刀具磨损比较严重，齿刀合金齿大部分崩落，边刮刀合金齿及部分母体大部分磨掉。掌子面地质情况如图 5-41 所示，刀具磨损情况如图 5-42 所示。由此可以确认，地质变化是引起盾构刀盘扭矩波动的重要原因，但尚不能由此断定地质变化是引起保险轴断裂的唯一原因。

图 5-41　致密胶结状态砂卵石情况

图 5-42 刀具合金齿及刀体磨损情况

(3) 刀盘反复脱困

经过查阅现场施工资料得知:盾构始发前期刀盘曾被卡住,其间进行了多次脱困。在刀盘进行脱困时,在相对较短时间内进行了大量频繁的正反转,且扭矩多次高达 15000kN·m 以上(注:该盾构机主驱动额定扭矩为 14700kN·m)。经过统计,脱困过程中高于 10000kN·m 的扭矩多达数 10 次。

在分析讨论中,在不考虑地层变化、刀具磨损的情况下,也不能排除保险轴质量存在问题。分析认为原保险轴本身抗疲劳强度可能存在一定问题,但没有达到它的设计值,当刀盘被卡需要脱困或地质变化导致刀具磨损、刀盘扭矩增大时,保险轴在一定循环次数后则容易发生疲劳破坏。

3) 问题处置

开挖竖井对初装刀盘和刀具进行改造(注:将撕裂刀改为滚刀),以适应实际地层需要,在盾构机后续掘进施工中加强设备状态监控(包括油检、振动、温度、参数异常变化监测等),未再出现主驱动保险轴大面积异常断裂现象。

4) 经验总结

(1) 盾构机对地质的适应性是工程成败的关键。特别在初装刀盘刀具设计上,一定要及时进行补勘作业,准确掌握工程地质条件,并有足够的应对地质变化的预案。

(2) 盾构施工中一定要规范操作,在盾构机刀盘脱困时不能在短时间内进行频繁的大扭矩正反转。泥水平衡盾构机掘进停机前应尽量排空泥水仓内渣土,减少带载启动。

(3) 采用优质材料和先进设计及工艺,提高主驱动保险轴本身的抗疲劳强度。在条件许可的情况下可安装其他扭矩限制装置,例如采取图 5-43 所示的连接方式(SAFESET 液压扭矩限制装置),其工作原理为:通过一个双层的可膨胀轴套注入高压介质使其充满联轴器的两个非接触面,实现主动、被动轴套的相互压紧,形成摩擦力矩,可通过调整介质压力进行不同打滑扭矩的设定;当过载发生时,液压式扭矩限制器主动、被动轴套发生相对滑动,剪切环切断剪切销将压力介质泻出,实现扭矩限制器脱扣,切断了空心轴电机与减速机之间的扭矩传递动力装置。复位操作需要更换剪切销,并使用油泵重新注油加压即可。

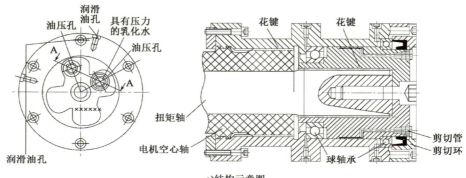

a)结构示意图

b)实物图

图 5-43 SAFESET 液压扭矩限制装置结构示意图

5.1.6.2 案例 2:主电机扭矩限制器脱扣故障

1)现象描述

某直径 6m 级电驱动土压平衡盾构机上位机在选择完 7 台主电机后,启动刀盘给定频率时,发现 7 号主电机输出电流和输出扭矩与 1~6 号主电机输出的电流和扭矩相比都较小,继续增加 7 号主电机输入频率时会出现主驱动电流异常报警或刀盘跳停情况。

2）原因分析

（1）观察上位机变频驱动界面，发现 7 号主电机变频器输出电流和扭矩比其他电机小（图 5-44），变频器无任务报警，仅 PLC 程序上检测到 7 号主电机电流与其他主电机电流偏差较大，发出电流异常故障停机报警，初步判断变频器至主电机之间电气线路无异常。

图 5-44　上位机主驱动变频驱动显示界面

（2）7 号主电机输出的扭矩比其他电机输出的小很多，说明主电机输出的扭矩没有传递到刀盘上做功，类似于主电机在空转，所以扭矩和电流很小，判断分析可能是扭矩限制器脱扣导致主电机动力线路传递被切断，表现为电机输出扭矩和电流偏小。

（3）拆下主电机尾部防护端盖后，发现扭矩限制器红色圆点标记"1""2""3"不在一条直线上，其 3 个复位端已经弹出，借助工具用力扳转扭矩限制器，发现（靠近主电机侧）左侧可以转动几圈，由此判断主电机扭矩限制器已经脱扣，如图 5-45 所示。

3）问题处置

（1）借助工具转动扭矩限制器，使扭矩限制器上红色圆点标记（"1""2""3"）三个圆点转到呈一条直线，如图 5-46 所示。

（2）当扭矩限制器 3 个红色圆点转到呈一条直线时，借助工具用力按下复位端，使之不再弹出，呈一个平面，如图 5-47 所示。

（3）当扭矩限制器脱扣复位合上后，借助工具用力扳、转动扭矩限制器，直至无法正常转动，至此扭矩限制器复位完成。

（4）安装主电机尾部防护端盖，紧固螺栓后准备试机。

图 5-45 扭矩限制器脱扣

图 5-46 扭矩限制器复位操作

（5）在上位机操作界面选择 1~7 号主驱动电机，启动刀盘，给定频率 3~5Hz，等运行稳定后，观察 7 号主电机输出电流、扭矩与 1~6 号主驱动电机输出电流、扭矩基本保持一致。

图 5-47　扭矩限制器复位操作

4）经验总结

应严格按照扭矩限制随机技术说明书要求,规范限制器使用前标定与脱扣后复位操作过程,确保扭矩限制器能够及时、有效发挥刀盘过载机械保护作用。

5.1.7　盾体铰接密封典型故障案例分析

5.1.7.1　案例 1:盾尾铰接密封位置局部变形导致泄漏

1）现象描述

某粉(细)砂层地层采用直径 6.28m 泥水平衡盾构机施工,盾构掘进十几环后,中盾与盾尾之间被动铰接密封位置(图 5-48)发生大量泥浆泄漏危险情况,启用紧急气囊后,泄漏量减少,但不能完全止漏。经过多次尝试后,通过管片模式收回推进液压缸,同时收回铰接液压缸,最终才把泄漏口堵住。

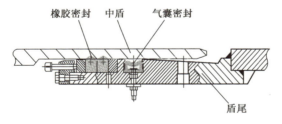

图 5-48　被动铰接密封结构形式

通过现场详细检查,发现底部铰接处铰接密封间隙达到 20mm(理论间隙为 8mm),相关测量情况详见图 5-49。通过测量发现,底部铰接处存在较大局部变形,密封压板调节螺栓有部分松动。对紧急气囊保压测试,发现紧急气囊存在泄漏现象,充气 2bar 仅能保持 15min,只能起部分作用。经过处理后,铰接处没有发现再次漏浆现象,并已恢复正常掘进,完成掘进 4 环。但随后 10~11 点、9~10 点位置相继再次发生铰接密封泄漏,此时铰接密封压板调节螺栓已经基本调整到极限,用扳手不能再次紧固。

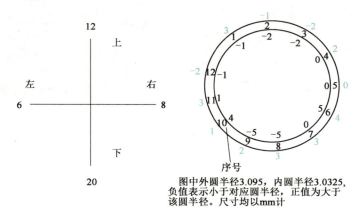

图 5-49　铰接密封测量间隙值、铰接位置中盾及盾尾测量数值

2）原因分析

（1）盾尾和中盾连接处下部铰接位置局部变形,是造成泄漏的直接原因。

（2）铰接紧急密封不能正常保压,存在泄漏现象,判断铰接密封已损坏。分析可能是始发装机时焊接盾尾与中盾之间的防扭装置或焊接铰接液压缸连接耳板时,焊接高温导致铰接紧急气囊被烧坏。

3）问题处置

（1）由于洞内不具备更换铰接密封条件,故每环用塞尺测量铰接密封间隙值,及时调整压板螺栓,用塞尺测量铰接密封内部间隙,直到最薄的塞尺不能塞入为止。

（2）在铰接密封聚氨酯注入口位置增加 6 路盾尾油脂的注入管路,根据漏浆情况及时补注盾尾油脂密封。

（3）主司机时刻关注铰接姿态,尽量使铰接液压缸行程处于中间位置。

（4）保持中盾与盾尾之间底部位置的清洁卫生,防止泥沙及其他异物进入铰接密封内部,进一步损坏密封。

（5）及时加注铰接密封黄油,保证密封表面的润滑性,防止铰接密封划伤。

（6）如果盾尾铰接位置无法有效止漏,拆掉铰接后部盾尾油脂的注入管路,向油脂注入口内加注聚氨酯进行堵漏。

4）经验总结

（1）盾构始发前必须严格按照验收大纲要求对设备各系统进行逐项验

收,不能漏项,要重点对盾尾/铰接密封环等薄壁结构环件的圆度(即变形量)、铰接气囊保压等盾构机关键密封项目进行复核,确保在始发前消除安全隐患。

(2)本次盾尾铰接漏浆事故发生时,由于缺失相关随机技术资料(如铰接密封与气囊随机图纸、盾尾铰接密封系统安装调整操作说明书、300m转弯半径下铰接液压缸行程模拟等),使现场既没有办法实际测量铰接密封的具体尺寸,又无法得知螺栓具体的调整尺寸,造成现场处理较为被动。

5.1.7.2 案例2:盾尾铰接密封挤出失效故障

1)现象描述

某直径6.48m土压平衡盾构机在掘进施工过程中,突然发现掘进方向11点位置盾尾铰接处喷出一股砂浆,随即出现涌水涌砂险情。现场采取的措施是:立即停止掘进、停止同步注浆、加大铰接密封油脂注入量,采取措施后涌水现象有所减弱,渐渐只有小股清水流出。事后检查发现,喷涌处铰接密封呈180°翻转后挤出密封槽,环向长度约20cm,如图5-50所示。经过检查,铰接其他位置没有出现类似情况,测量整圈铰接位置间隙,此处间隙最大,约2cm,铰接密封反转180°后挤出。

图5-50 铰接密封挤出失效

2)原因分析

该盾构铰接系统设置1道铰接密封,外侧设置压板以固定密封,由盾构机集中润滑系统通过注脂孔注入油脂润滑,如图5-51所示。经过现场综合检查,初步判断:由于铰接密封与盾尾铰接密封槽契合度不够,没有紧贴密封槽,密封活动余量较大;盾尾与中盾铰接位置椭圆度不同,导致此处缝隙较大;在同步注浆压力和润滑油脂压力作用下,铰接密封受外力作用翻过密封挡板挤出。

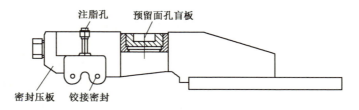

图 5-51　铰接密封结构示意图

3）问题处置

（1）准备应急物资。准备棉纱、棉被、注浆机、撬棍、快干水泥、聚氨酯等应对涌水涌砂的应急物资。

（2）排除涌水涌砂风险。盾构铰接密封槽处有注脂孔，注脂孔旁有 $\phi50$mm 预留通孔盲板。首先将故障部位附近几个注脂管路拆除，逐个疏通注脂孔，经查看没有水流出；其次加工 $\phi50$mm 带球阀的堵头备用，逐个打开注脂孔旁 $\phi50$mm 预留通孔盲板，小心疏通，经查看也没有水流出。至此，暂时排除了涌水涌砂的风险。

（3）清理盾尾铰接密封槽内凝固的砂浆。用撬棍将铰接密封再撬出一部分，使铰接密封与挡板之间露出约 4cm 空隙，打开作业空间。使用撬棍等工具将密封槽内的砂浆捣碎，使用高压清洗机将密封槽内的砂浆清理出来。将 $\phi50$mm 预留通孔盲板打开，前后配合清理，将密封槽清理干净。

（4）拆除密封挡板。由于密封挡板为半圆式，半圈全部拆除存在铰接密封整体脱落风险。经研究，将作业需求范围内的挡板割断后拆除，尽量减少对其他部位的扰动。

（5）铰接密封复位。为防止再次发生上述故障，在密封挡板位置每隔 20cm 焊接一个钢板加工而成的"7"字形钩，如图 5-52 所示，其可有效减小盾尾铰接间隙，并稳固铰接密封。处理完成后，恢复注脂管路，并适量注入润滑油脂。继续掘进期间，未出现漏水情况，同时现场加强注浆压力控制，安排专人定期巡检，后续施工中未再出现此类故障。

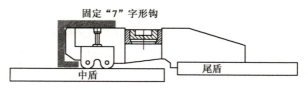

图 5-52　铰接密封固定改造示意图

4)经验总结

(1)此次事故说明该盾构的铰接密封设计或安装存在缺陷,目前大多数盾构铰接系统都会采用"两道铰接"密封或者"1 道铰接密封 + 1 道紧急气囊"的密封设计,起到双保险的作用,这样在靠近中盾侧的铰接密封发生故障时,依靠第 2 道密封或者紧急气囊仍然可以起到密封作用,为修复故障密封提供安全条件。

(2)铰接密封安装时必须与盾尾铰接密封槽完全契合紧贴,不能有活动余量。盾尾和中盾的铰接位置要尽量保证同圆,防止对接后出现密封间隙大小不一的情况,间隙大的位置密封效果会较为薄弱,极易出现故障,目前已知的大多数铰接密封故障都是此原因引起。

(3)掘进过程中应加强盾构姿态控制,纠偏时应避免有较大的姿态变化,做到勤纠缓纠,减少对铰接密封的挤压损伤。加强同步注浆(压力)控制,一是防止铰接密封承受过高的压力,二是防止砂浆反窜至铰接位置,嵌入密封间隙内,对铰接密封造成损伤。加强铰接密封润滑油脂注入量控制,注入过少,会减弱润滑效果,密封磨损加快;注入过多或压力过高,则会挤压铰接密封。

5.1.8 盾尾密封典型故障案例分析

5.1.8.1 案例 1:盾尾密封漏砂、漏浆故障

1)现象描述

某 $\phi 6.28m$ 土压平衡盾构机在掘进至 132 环时盾尾出现漏砂、漏浆现象,在全部软土段约 540 环的范围内有约 60 环存在盾尾漏浆情况,漏浆点位主要集中在盾尾的底部(7~9 号)和上部(1 号、15 号、16 号)。盾尾的漏浆、漏砂情况如图 5-53 所示。

图 5-53 盾尾密封底部漏浆情况

2)原因分析

(1)盾尾刷安装问题

盾构机装机前为了保证盾尾刷在安装焊接过程中块与块之间的间隙和焊接质量,对前两道盾尾刷的尺寸进行了调整,如图5-54所示。盾尾刷存在后护板两块钢板交叠方向不统一的情况。由于本身尾刷后护板交叠方式不统一,造成在焊接过程中存在后护板没有被相邻护板压住的情况,这种现象可能导致在盾构掘进中盾尾出现漏浆。

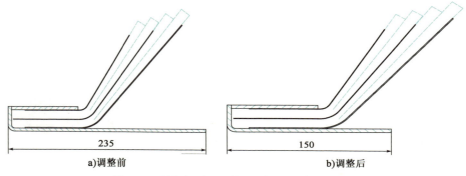

图5-54 盾尾刷尺寸调整前后示意图(尺寸单位:mm)

(2)始发前盾尾油脂涂抹方面问题

①在涂抹过程中存在先用水或油浸沾盾尾油脂,用手将盾尾油脂搓成卷来填充,造成盾尾刷根部填充不够密实、钢丝的黏着性降低,导致在拼装负环时油脂被挤出。

②部分位置只涂抹了盾尾刷下部,盾尾刷上部涂抹容易掉落,故其余部位在拼装一环负环后用油脂泵填注,可能存在不密实部位。

(3)盾构掘进姿态控制方面问题

本区间盾构掘进大部分为直线段,临出洞约200m为转弯半径2000m的大曲线段,在姿态控制方面个别环的高程和水平偏差已经超出±50mm。另外由于盾尾本身在14点位置(全员分为16个点位,与液压缸组数对应)变形严重,向内鼓包,在掘进过程中右下侧盾尾间隙在正常情况下较小,左上侧较大,造成尾刷磨损和封堵不均匀。

(4)掘进参数方面问题

经查,盾构机在36~292环期间掘进速度基本维持在50mm/min以上,在此时段盾尾油脂的用量和压力较正常情况相对减少,可能造成盾尾刷磨损加快,导致密封效果变差。

(5)盾尾油脂使用方面问题

软土阶段油脂用量平均约为 23kg/环,使用的盾尾油脂为国产某品牌。在掘进过程中,盾尾油脂注入压力大部分保持在 10~30bar,停机安装管片时压力降低,密封效果变差。

(6)同步注浆方面问题

在掘进过程中注浆压力控制在 2.5~2.7bar,注浆点位初始为 1 号和 4 号,在掘进过程中不断进行调整为 1 号和 3 号、1 号和 2 号注浆,不均匀注浆可能造成局部盾尾刷的异常磨损。

3)问题处置

(1)控制掘进姿态。严格控制盾构掘进姿态,保证盾构姿态的高程和水平偏差在 ±50mm 以内。尽量使管片四周的间隙保持一致,减轻管片对盾尾刷的挤压程度。

(2)控制掘进速度。适当降低掘进速度,控制掘进速度在 30mm/min 左右,保证注浆量和油脂注入量。

(3)加大盾尾油脂注入量。盾构机在粉土、淤泥质粉质黏土地层掘进时,根据土压、注浆压力、掘进速度来调整盾尾油脂的注入点位,并手动加大加注盾尾油脂漏砂、漏浆点位的油脂注入量和注入压力(同时要求注脂压力大于 20bar);在推进结束后,采用自动注脂方式继续进行盾尾油脂注入,保证盾尾油脂压力在 15bar 以上。

(4)管片背部填塞海绵条。在加大盾尾油脂、浆液注入量的基础上,在整环管片背部加装 10cm 厚的海绵条,如图 5-55 所示。

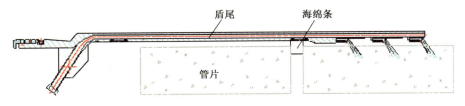

图 5-55　管片背部加海绵条

(5)采取盾尾密封防渗措施。主要针对盾尾防水,在盾尾漏水部位可将海绵条塞入管片与盾壳间的间隙,或用压注黏稠度较高的盾尾油脂,以起到一定的堵塞作用;及时进行二次补注浆,形成止水环箍。

(6)提高现场人员技术水平。加强培训,提高管片安装人员的技术水平,保证管片的拼装质量,避免错台,减少盾尾刷的磨损。

4)经验总结

盾构盾尾密封漏砂、漏浆涉及盾构施工的注浆压力、注入量、盾构机的掘进姿态、地质状况、盾尾油脂、管片拼装等多种因素。因此,在实际施工中必须仔细分析漏砂、漏浆原因,采取切实可行的措施,才能少走弯路,减少损失,保证工程的施工进度和施工质量。

5.1.8.2 案例2:盾尾密封刷损坏失效事故

1)现象描述

某直径11m级泥水平衡盾构机掘进至第93环后,开始出现不同程度盾尾漏浆、涌水现象。在掘进至120环时,1号推进液压缸处盾尾漏浆涌水严重,被迫停机,添注油脂止水,对盾尾密封系统补充油脂10桶。恢复掘进至124环时,18号、1号、2号推进液压缸处盾尾开始大量漏浆涌水,加大盾尾油脂、同步注浆浆液的填注也无法起到封堵作用,现场隔膜泵已经无法满足排水要求,现场紧急调配抢险人员和物资,采用同步注浆浆液中掺加堵漏剂方才完全堵住,在此状态下继续推进,工程风险存在重大隐患,项目部决定立即停机组织专家会诊盾尾密封失效事故。

2)原因分析

(1)盾尾密封系统设计改造存在一定缺陷

①该盾尾同步注浆管与盾尾油脂管在盾尾上布置不合理,注浆管、油脂管设计为明管半埋式铺设方式。该方式造成了管路与盾体结构之间存在间隙(图5-56),并成为砂浆反窜通道,导致大量砂浆回流到盾尾油腔内,在盾尾油脂腔内板结并堵塞盾尾油脂管,砂浆在盾尾背部油脂腔的板结也会加剧盾尾刷的损坏。

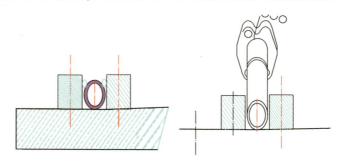

图5-56 盾尾油脂管、盾尾同步注浆管与盾尾间隙示意图

②盾尾油脂管的油脂注入方向不合理,一般同类型盾构机油脂注入采用的是在盾体上开孔径向注入,而该盾构机采用的是油脂管直通式注脂,这种注脂方式容易造成油脂前窜,油脂腔难以充填均匀饱满,如图5-57所示。

图 5-57　盾尾油脂管路暗埋、明管半埋式铺设方式对比图

③同步注浆管采用明管半埋方式铺设，出口伸出盾体穿过止浆板，导致盾尾止浆板在注浆管位置存在缺口，使得止浆板失效没有起到止浆作用，造成盾尾密封刷直接面对同步注浆浆液的冲击，容易造成盾尾密封损坏，如图 5-58 所示。

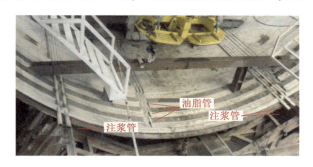

图 5-58　盾尾同步注浆管明管半埋铺设实物图

④该直径 11m 级盾构机盾尾刷安装间隙设计过小，改造后间隙为 35mm，如果掘进姿态不好容易造成尾刷板折断和尾刷拉脱失效。另外在更换盾尾密封刷过程中发现，该盾尾加强块尺寸与设计尺寸不相符合（设计尺寸为 250mm×55mm，实际测量尺寸为 250mm×50mm），盾尾加强环高度低于盾尾密封刷高度，没有起到保护盾尾密封刷的作用，从而容易造成盾尾密封刷的损坏，如图 5-59 所示。

（2）盾尾密封系统地质适应性不足

该泥水平衡盾构机在粉质黏土层中掘进时，由于容易出现堵仓、堵管情况，泥水压力波动幅度大，容易对盾尾密封形成冲击；而在承压水层中掘进时，承压水具有压力大水头高的特点，也就对盾尾密封提出很高的要求。复杂的地质条件要求盾构机的盾尾密封要具有良好的性能，同时对盾构密封的管理也提出了较高的要求，在盾尾密封管理上稍有疏忽就有可能造成盾尾密封失效，引发盾尾漏浆。

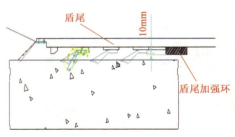 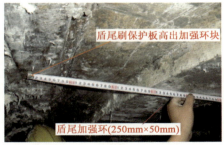

图 5-59　盾尾刷保护板与盾尾加强环的尺寸关系

(3) 盾尾油脂填注效果不佳

本工程盾尾油脂采用某进口品牌,厂家提供理论用量为 0.8kg/m²(油脂涂布管片外弧面面积),现场按此用量标准推算,盾尾油脂的用量可控制为 70kg/m,在此情况下,可能出现局部盾构油脂供给量偏少的情况。盾构机一旦进入承压水层后,对于盾尾密封性能要求增加,盾尾油脂局部供给量偏少引发的密封性能下降的问题马上就突显出来,出现了盾尾漏浆现象。经对注脂管详细检查中,均发现油脂管路存在堵塞或不畅通的现象,估计会导致油脂有效注入量不足。各注脂点位盾尾油脂检查情况见表 5-5。

各注脂点位盾尾油脂检查表　　　　　表 5-5

序列	注脂点位								
	1	2	3	4	5	6	7	8	9
1	堵塞	20bar	堵塞	25bar	阀有问题	24bar 阀动作慢	31bar	47bar 压力高	堵塞
2	15bar	23bar	20bar	36bar 阀动作慢	阀有问题	有点堵塞	阀有问题	29bar	17bar
3	22bar	28bar	23bar	34bar	阀有问题	有点堵塞	4bar	21bar	堵塞

(4) 盾构姿态控制不佳

该盾构始发时为 4.25% 下坡,下坡施工时盾构机趋势与管片姿态形成一定的夹角,造成管片间隙很难控制,盾尾姿态及管片间隙控制不理想,造成间隙较小,对盾尾刷造成超量压缩后,估计恢复困难或需要一个过程,对密封系统存在不利的影响。而实际掘进过程中盾构头部大多向上抬,盾构轴线与管片轴线不一致，管片拼装时容易产生"踏步"现象，从而引起管片破损。管片外部破损的碎片容易造成盾尾刷的局部损坏，一旦盾尾刷损坏就会出现盾尾漏浆现象。

(5) 盾尾同步注浆管理不到位

该盾构机通过大堤阶段，由于单环的掘进时间较长，地表沉降控制不佳，为了保证地面的安全，将盾尾注浆量由填充系数 1.3～1.5（实际注浆量为 16.39～18.92m³）提高到了 1.5～1.8（实际注浆量为 18.92～22.70m³），并加大了同步注浆压力。在此阶段项目内部没有及时沟通调整盾尾油脂注入压力和注入量，很有可能造成盾尾油脂注入和同步注浆注入压力不匹配，造成注浆浆液冲击尾刷，进入油脂腔出现占位情况。

盾构机在掘进过程中，由于操作人员技术不熟练、浆液配比不合理造成砂浆稠度不够、注浆点位分布不合理，造成浆液不能充分填充管片后空隙，暂时局部淤积，造成注浆通道受限制。当浆液压力高于盾尾刷和油脂的抗压力时，就会击穿盾尾刷和油脂而造成窜浆。特别是在盾尾注浆管发生堵塞时，为了疏通管路将注浆压力大幅度提高，利用浆液冲击管路进行疏通，这样做容易导致局部浆液压力高于盾尾刷和油脂的抗压力，击穿盾尾密封，造成漏浆。

3) 问题处置

为了确保工程安全，经多次专家会讨论决定采用液氮冻结法固结封水措施对现有盾尾密封系统进行检查更换。根据检查结果，采用"更换损坏尾刷+增加1道盾尾刷"的措施可保证后续盾构施工安全。

4) 经验总结

(1) 同步注浆管路、盾尾油脂管路采取明管半埋式铺设，存在较大的泄漏风险，宜采用暗管全埋式管路铺设形式。

(2) 应严格控制盾构姿态和管片安装质量，确保盾尾间隙均匀。

(3) 根据地层情况和注浆压力情况，应及时调整盾尾油脂的注入量和注入压力，保持各个油脂腔足量均匀。

(4) 根据地层情况和各个注浆点的情况，应及时准确调整注浆压力和注浆量，同时加强注浆操作人员培训，确保注浆均匀饱满。

5.1.9 管片拼装机典型故障案例分析

5.1.9.1 案例1：管片拼装机自动滑移故障

1) 现象描述

某直径13m级泥水平衡盾构机在下坡阶段掘进过程中，出现管片安装机空载状态下自动向前滑移故障，且其行走液压缸无法锁死，造成盾构机无法正常施工,存在重大设备安全隐患。

2)原因分析

(1)液压缸控制阀组故障

若管片拼装机的行走液压缸液压平衡阀内泄,会导致管片拼装机的行走液压缸在空载条件下无法锁死,在盾构机下坡时可能会出现滑移现象。

(2)液压缸故障

液压缸存在质量问题或者内部结构损坏,如缸体拉伤、活塞密封损坏、导向带损坏等造成行走液压缸内泄。

3)问题处置

(1)对管片安装机行走液压缸平衡阀液压锁装置进行拆检,发现阀芯内部存在铁屑。

(2)在管片拼装机泵出油口取油样,发现油样及管片拼装机回油滤芯内有铁屑、类塑料颗粒等污染物。

(3)根据以上排检结果,最终确定为管片拼装机行走液压缸本身内泄造成滑移现象。因此对2根行走液压缸进行拆检(图5-60),发现液压缸内部活塞及其密封严重磨损。处置措施:更换新行走液压缸,并对安装机进出油滤芯进行更换;将平衡阀进行清洗(建议更换新阀块);对油箱油样进行全面检测,检查液压油是否受到污染。采取以上措施后,盾构机在后续使用中未再出现自动滑移现象。

图5-60 管片拼装机行走液压缸活塞及密封磨损

4)经验总结

(1)在日常施工过程中需加强对主机区域液压缸(行走液压缸、红蓝缸、推进液压缸等)的维护工作。做好日常清洁,文明施工,检查有无渗油、动作是否正常(是否出现卡顿、滑移、不同步等现象),检查实际压力同设定压力相比有无异常，如发现异常应及时进行处理。

（2）若确定液压缸本身有问题，应及时进行维修或更换处理，严禁"勉强"作业，以免造成安全事故。

（3）当液压系统出现污染源对液压介质可能造成影响时，应及时对污染源污染物进行清理，所涉及的液压部件要及时进行清洗更换，对液压油进行全面检测，必要时需全部更换油液，防止污染扩散，造成其他液压系统设备损坏。

5.1.9.2 案例2：管片拼装机旋转时抖动故障

1）现象描述

某盾构机管片拼装机在旋转过程中，出现轻微或剧烈抖动，严重时整个设备桥共振，导致结构件破坏。

2）原因分析

（1）管片拼装机液压系统首次启动时，液压管路内部液压油混入空气过多。

（2）管片拼装机回转动作液压回路中相关液压阀组控制油节流孔堵塞或开口大小调节不合适。

（3）管片拼装机回转减速机制动液压管路泄漏，导致制动片未完全松开。

（4）液压油温过低，导致系统流量不足，回油不畅。

3）问题处置

（1）启动管片拼装机泵之前先启动循环过滤泵，排干净液压油内残留的空气。

（2）带载状态下对管片拼装机旋转阀块控制油节流孔大小进行调节，使其处于合适位置。

（3）初次启动管片拼装机时先低速旋转，待运行平稳后再进行工作。

（4）检查拼装机制动管路系统压力是否正常，若漏油及时修复。

（5）启动液压油箱加热器或者运行补油泵，将液压油温度提升到40℃左右。

4）经验总结

应加强对管片拼装机旋转液压回路日常维护保养工作，定期检查相关液压控制阀组及液压缸是否存在内泄、卡滞、堵塞等情况，如出现异常应及时处理解决。

5.1.9.3 案例3：管片拼装机抓紧头无法抓紧

1）现象描述

某盾构机管片拼装机在抓举管片时无法抓紧，压力继电器一直报警；或者抓紧后旋转过程中压力继电器又报警，管片拼装机不能旋转，导致拼装机无法正常使用。

2）原因分析

（1）抓紧管路泄漏。

（2）压力继电器标定压力不匹配，误报警。

（3）抓紧液压回路系统压力过低，无法达到正常抓紧压力。

（4）压力继电器常开、常闭方式接反，导致管片抓紧后误报警。

（5）压力继电器线路松动或接触不良。

（6）抓持液压缸内泄严重。

3）问题处置

（1）将漏油的抓紧管路拧紧；若密封圈损坏，则更换相同规格型号的密封圈。

（2）在带载工作状态下调整压力继电器设定压力。

（3）调整相关压力阀，保证足够的抓紧回路系统压力。

（4）调整接反的电磁阀阀头。

（5）拧紧松动的压力继电器线路。

（6）更换内泄严重的抓持液压缸。

4）经验总结

管片拼装机在调试前，应提前在模拟试验平台上将压力继电器按图纸设计报警压力参数设定到位，同时对抓持液压缸进行耐压测试，确保液压缸质量合格。

5.1.10　管片吊机典型故障案例分析

5.1.10.1　案例1：管片吊机提升电机输出花键轴磨损故障

1）现象描述

某直径6m级土压平衡盾构机管片吊机在管片吊装过程出现链条打滑现象，随即维保人员对管片吊机减速机内力矩限制器调整螺杆进行调节（图5-61），打滑故障仍未排除。后经对管片吊机进行拆卸排查，发现提升电机输出花键轴表面磨损严重，导致其与力矩限制器连接部位发生打滑，造成管片吊机无法正常使用（图5-62）。

2）原因分析

经调查，引起提升电机输出花键轴磨损的直接原因是该电机曾因定子绕组匝间短路、缺相运行等原因引起电动机烧毁。后重新绕制定子绕组，由于在安装过程中未严格按照说明书步骤进行安装，造成提升电机转子输出花键轴与扭矩限制器连接部位同轴度超差，导致转子花键表面磨损。

a) 机械结构 b) 管片吊机结构

图 5-61 管片吊机扭矩限制器

1-电器主控板；2-主接触器；3-减速机；4-控制接触器；5-制动器；6-扭矩限制器（减速机内）；7-电机；8-链轮

图 5-62 管片吊机提升电机转子花键磨损实物图

3）问题处置

因提升电机定子曾重新绕制，转子花键磨损无法修复，故决定重新购置新电机。

4）经验总结

管片吊机提升电机与扭矩限制器之间连接作业应严格按照吊机随机说明书相关技术标准进行装配，尤其是进口设备。

5.1.10.2 案例2：管片吊机提升电机超越离合器轴承磨损故障

1）现象描述

某直径6m级土压平衡盾构机施工过程出现了管片吊机起升葫芦链轮无动作故障，停机对制动器、扭矩限制器、超越离合器（图5-63）进行拆解检查，发现制动器位置超越离合器固定端轴承与轴出现磨损导致轴承异常磨损,如图5-64所示。

图5-63　超越离合器结构示意图
1-制动器位置;2-扭矩限制器轴;3-扭矩限制器;4-转子;5-风扇安装位置

图5-64　轴承与轴磨损情况

2)原因分析

该管片吊机在管片吊运过程中曾出现过升降链条打滑情况,现场维保人员未按规定及时对扭矩限制器进行调整,是引起超越离合器轴承异常磨损的直接原因。

3)问题处置

换用原装新轴承,并按照管片吊机随机使用说明书的相关技术要求重新调整扭矩限制器。

4)经验总结

管片吊机故障较为频繁,应加强对维修人员进行技术培训,在维修过程中严格按照设备使用说明书进行检查维护。

5.1.11 空压机典型故障案例分析

5.1.11.1 案例1:空压机转子锈蚀故障

1)现象描述

某盾构机施工过程中出现了螺杆式空压机无法正常启动的情况,经拆卸排查,其产生原因是空压机压缩机转子锈蚀导致空压机无法正常启动,如图5-65所示。

图5-65 空压机压缩机转子

2)原因分析

压缩机转子锈蚀直接原因是由于冷却油进水乳化导致,引起冷却油乳化的原因常见包括以下几点:

(1)油冷却器损坏,冷却油在油过滤器中与冷却水发生置换,导致冷却油进水乳化。

(2)储气罐安装位置高于空压机,储气罐进气端位于底部,且空压机与储气罐之间无单向阀,空压机停机运行时,储气罐底部的水通过最小限压阀流至空压机油分桶,水与冷却油混合导致冷却油乳化。

(3)空压机排气温度低,空压机吸入的空气中附带水分难以蒸发,空气中的水分与空压机冷却油混合在一起,当冷却油中的水累积到一定程度时会导致机油乳化。

经现场调查,引起该盾构空压机转子锈蚀的主要原因是在维保时未使用空压机官方认可的冷却油。通过对空压机历史数据分析发现:在实际应用中,部分时间段内空压机存在加载率低的情况,加载率低也是导致冷却油乳化的原因之一。在实际操作过程中,盾构机主司机始终保持两台空压机(注:一用一备)同时运行,一般工况下,前端用气量远低于空压机排气量,因此导致了空压机加载率低。

3)问题处置

(1)将空压机与储气罐置于同一平面,或者将储气的罐进气口增加一个单向阀。

(2)多台空压机同时供气时为防止空压机加载率低的情况,储气罐上增加压力传感器,设定储气罐压力范围。当压力低于某一下限值时,备用空压机自动启动运行。

(3)为防止压缩机冷却油乳化,要设计空压机排气温度的低停机值。

(4)冷却油使用空压机厂家推荐的冷却油品牌。

4)经验总结

空压机在运行过程中必须严格按照随机说明书要求规范操作,并加强设备日常维护保养,禁止设备带病作业。

5.1.11.2　案例2:空压机排气含油量高

1)现象描述

某盾构项目空压机在使用过程中频繁高温跳停,经排查认为是缺少冷却油导致的。添加冷却油后,空压机运行24h又高温跳停,此时油气分离罐内冷却油已看不到液位,打开储气罐排水阀,发现有冷却油流出,判断是由于排气含油量高导致的冷却油流失,从而引起空压机高温跳停。

2)原因分析

引起空压机排气含油量高的常见原因包括:

(1)使用的冷却油不适合该空压机,或使用了劣质冷却油。

(2)油气分离器滤芯破损或者油气分离器滤芯超出了更换期限仍继续使用。

(3)油气分离器回油管堵塞或者回油管安装位置距离油气分离器底部较远,通过油气分离器分离出的冷却油无法进入压缩机,这部分油随着压缩空气被带出,导致空气含油量升高。

(4)油气分离器型号不对,其分离能力无法满足实际需求。

(5)排气压力过低,低于空压机最低允许工作压力,油分桶内气压与用气端压差较大,超过了0.8bar,由于气体膨胀通过油分离器空气流量增大,超过了油分离器处理能力。

现场检查了冷却油热交换器,未发现水路中有润滑油;同时检查了油分桶,也未发现有裂纹,排除了冷却油外漏的原因;更换油水分离器滤芯后,排气含油量高的问题仍然存在。然后拆卸了回油管,检测发现回油管畅通,重新按照标准对回油管进行了安装,经过一系列操作后,排气含油量高的问题仍没有得到解决。观察空压机运行时排气压力,在设备运行填充豆粒石工序时排气压力为3~4bar,低于空压机最低允许工作压力。综上所述,初步判断是由于空压机排气压力低超过油气分离器的处理能力,导致排气含油量高。

2)问题处置

为了验证由于排气压力低导致空气含油量高的结论,通过调节系统回路中的球阀开度,人为增加回路中的负载后,空压机排气含油量基本正常,故障得以解决。

3)经验总结

盾构机空压机设备选型时应注意设置排气压力低报警与停机连锁,并在储气罐空气出口处增加最小压力限制阀。

5.1.12 油脂系统典型故障案例分析

5.1.12.1 案例1:盾尾油脂泵泵杆及密封磨损故障

1)现象描述

某项目盾构机在正常掘进过程中,在无报警情况下,后中腔盾尾油脂出现油脂压力低的情况,其余各腔盾尾油脂压力均正常,并且后中腔压力传感器显示与压力表显示相符合,后中腔油脂管路未出现有漏油脂情况。经现场排查主要问题是:盾尾油脂泵压力过低,调节油脂泵进气压力,油脂泵压力无变化;然后对油脂泵泵杆进行拆除,发现油脂泵泵杆损坏,且油脂泵内含有杂质,如图5-66所示。

图5-66 盾尾油脂泵泵杆密封损坏且油脂中含杂质

2）原因分析

现场采用的某国产品牌盾尾油脂泵送特性较差,且油脂中含有杂质(更换油脂桶时有异物进入),增加了油脂泵在长时间的工作过程中的负荷,从而导致泵杆及密封损坏。

3）问题处置

更换盾尾油脂泵泵杆及密封,并联系厂家对油脂性能作出相应调整,如图 5-67 所示。

图 5-67　更换盾尾油脂泵泵杆

4）经验总结

(1)盾尾油脂的泵送特性及品质会直接影响盾尾油脂泵的使用寿命,为避免此问题的发生,应严格对盾尾油脂的泵送特性及品质进行把关。

(2)严格按照操作规程要求更换油脂泵站油脂桶,避免异物进入油脂桶内部,引起泵杆表面异常磨损。

5.1.12.2　案例 2:主轴承 HBW、EP2 油脂消耗量过大问题

1）现象描述

某直径 11m 级泥水平衡盾构机主轴承 HBW、EP2 油脂的实际消耗量与理论消耗量之间存在较大差距,见表 5-6。

油脂消耗量关系对比　　　　　表 5-6

油脂类型	理论消耗量(kg/h)	实际消耗量(kg/h)	实际消耗量/理论消耗量
HBW	5	13	2.6
EP2	1.3	4	3.1

2)原因分析

(1)程序设计不合理

油脂注入系统与刀盘控制系统之间具有连锁关系,即当脉冲信号数达到 PLC 设定值时,HBW 气动阀(或 EP2 电磁阀)将自动关闭,等待下一个注入周期。如果在设定周期内未检测到设定脉冲数,程序将给出脉冲数不够的警报;如果连续 3 个循环未检测到设定脉冲数,程序将直接给出脉冲数不够错误,刀盘将强制停转,以保护主轴承密封。

对施工中盾构机相关数据进行整理分析,发现无论刀盘转速如何变化,主轴承 HBW、EP2 油脂的消耗量都维持在同一水平。但是在正常情况下,油脂实际消耗量应该与刀盘转速呈正比关系。通过调取该盾构机 PLC 程序可知:程序设定中将各个油脂分配器的脉冲信号数设定为固定值,若此设定值是按照刀盘最大转速设定的,会导致油脂实际消耗量显著增加;若此设定值是按照某一中间值设定的,则刀盘实际转速小于此转速时将造成油脂浪费,当刀盘实际转速大于此设定值时又会造成主轴承密封腔油脂供应不足,会严重损坏主轴承密封。

(2)油脂泵压力设定不当

根据现场监测,在其他条件不变情况下,调节油脂泵出口压力,压力越大,油脂消耗量也会不断增加。根据油脂泵注入原理,当 PLC 检测到油脂分配阀设定脉冲输入信号时,就会输出电信号,关闭气动阀/电磁阀。对于 HBW 系统来说,由于流量要求较大,管路直径较大,因此采用电磁先导气动阀。而气动阀的开关与电气信号之间有一定的延迟,如果油脂泵出口压力越大,在这个延迟时间内流过分配阀的流量也就越大,因此增加了 HBW 油脂消耗量。对于 EP2 系统来说,由于是直接驱动,延迟问题不明显。

(3)油脂系统元器件安装位置不合理

通过对现场管路的排查,发现无论是 HBW 气动阀,还是 EP2 电磁阀,安装位置距离相应的分配阀均有 1~5m 距离,此间距过大会导致油脂过量消耗。原因分析是分配阀是靠管道内的油脂压力驱动,电磁阀/气动阀关闭后流过分配器的油脂量与压差和管道体积成正比;由于分配阀临界压力为定值,管道体积与长度成正比,所以流过的油脂量只与管道长度、油脂残存压力有关,即管道越长,残存压力越大,流过分配阀的流量也越大。

(4)气动阀出现故障

在油脂系统工作过程中,HBW 油脂系统气动先导阀经常出现卡阀芯、漏气等不良现象,导致在给出关闭电信号后数秒才能完全关闭主阀阀芯。如果漏气严重,甚至不能完全关闭主阀阀芯。在这种情况下,油脂将不受控制,造成极大浪费。

(5) HBW 迷宫环间隙过大

根据油脂消耗计算公式,HBW 的消耗量与迷宫密封间隙有很大关系。该厂家盾构机主轴承 HBW 迷宫密封间隙为 5mm,而其他厂家则只有 3mm,如图 5-68 所示。此外,现场实际测量发现,由于安装存在误差,部分位置间隙更大,甚至超过 10mm。由于 HBW 的注入是"流量+压力"控制方式,迷宫出口处间隙越大,越不容易保压。结果需要强制性注入油脂,从而将大大增加油脂消耗量。

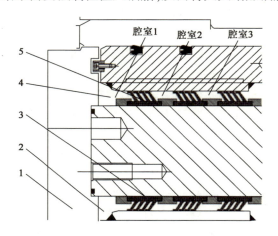

图 5-68　主轴承密封结构示意图
1-刀盘法兰;2-内密封迷宫;3-内密封;4-外密封迷宫;5-外密封

(6) 人为因素

由于盾构机泵出口压力需要根据开挖仓压力进行调节,因此,当开挖仓压力高于轴承密封油脂的注入压力时,油脂密封效果将会降低。因此,在盾构施工过程中,必须保证油脂的注入压力要始终高于开挖仓压力。在盾构施工过程中,由于部分盾构操作司机责任心不强,为确保油脂注入压力高于开挖仓压力,将油脂泵的压力长期保持在较高状态,而未根据开挖仓压力的变化进行适当调节,从而导致油脂浪费。

3) 问题处置

(1) 优化 PLC 程序。

在 PLC 控制程序中,将油脂注入脉冲数与刀盘转速设置成正比例关系,则通过流量控制方式注入的油脂量与刀盘转速将有机结合起来,避免油脂浪费。PLC 程序优化前后油脂消耗量对比关系如图 5-69 所示。

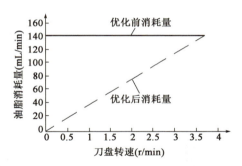

图 5-69　优化前后油脂消耗量对比图

(2)合理设置油脂泵出口压力。

可通过调节油脂泵空气减压阀的压力来调节油脂泵的出口压力(EP2 还需要调节节流阀开度)。调节压力的大小,应以实际消耗量趋近设定量为标准,但也不应该过小。如果泵的出口压力过小,会导致脉冲数不够报警,甚至错误跳停刀盘。

(3)及时检查 HBW 气动阀,避免出现发卡、漏气等现象。

(4)缩短气动阀/电磁阀与分配器之间距离,避免残压造成油脂无谓消耗。

4)经验总结

(1)根据现场实地操作经验及理论分析,得出了相应的优化、改进措施,能够将 HBW、EP2 油脂的消耗降低到理论消耗量水平上,进而有效减少施工耗材成本。

(2)对于厂家新制设备,建议从源头上减小迷宫密封的间隙,以减小油脂的消耗。

5.1.12.3　案例 3:主轴承迷宫密封 HBW 油脂脉冲次数低于正常设定值

1)现象描述

某地铁项目土压平衡盾构机在掘进过程中,出现主轴承迷宫密封系统 HBW 油脂内密封和外密封液压马达分配器脉冲计数少于正常设定值的情况,经过近 5h 拆卸 HBW 液压马达分配器,并且采用单独 1min 注入内密封、单独 1min 注入外密封控制方法,使液压马达分配器的脉冲计数基本达到正常值。一周后,再次出现 HBW 液压马达分配器脉冲计数少于正常值现象,通过再次拆洗液压马达分配器,脉冲计数次数仍然少于正常设定值。

2)原因分析

(1)油脂品质不稳定,造成管路堵塞。

经检查 HBW 油脂系统管路,发现进入刀盘中心回转接头的管路中存在

HBW 油脂结块的情况。经分析认为：项目使用的国内某品牌 HBW 油脂品质不稳定，其纤维含量过高，易出现油与油脂中的纤维离析（图 5-70）；纤维部分会在管路内或液压马达分配器内部逐渐积聚，引起刀盘中心回转接头 HBW 油脂输送管路或液压马达分配器堵塞；从而导致系统 HBW 液压马达分配器同轴齿轮卡死，造成 HBW 液压马达分配器接近开关脉冲计数少于正常设定值。

图 5-70　HBW 油脂结块堵塞

（2）HBW 液压马达分配器内部齿轮轴承损坏。

现场通过拆解 HBW 液压马达分配器，发现内部滚针式轴承表面被 HBW 油脂纤维黏附，导致轴承自身卡死、无法转动。使用柴油清洗轴承后，发现轴承滚针已经磨损，如图 5-71 所示。

3）问题处置

（1）采用品质稳定的 HBW 油脂，最大限度减小因油脂纤维离析造成的管路堵塞现象。

（2）原 HBW 液压马达分配器设计通过若干节短螺栓使单组分配器之间相互分别连接，此结构设计造成现场拆解工作费时费力。新的 HBW

图 5-71　滚动轴承滚针磨损

液压马达分配器结构设计为螺杆整体式连接形式（图 5-72），仅需松开液压马达分配器两侧端盖螺杆螺母，再通过薄口螺丝刀或类似工具即可将各单元分配器拆除分离，拆解时间缩短至少 2h，显著提高液压马达分配器拆解、清洗作业效率。

（3）通过对滚动轴承和滑动轴承性能进行比较，针对国内 HBW 油脂不稳定的现状选择用滑动轴承。由于滑动轴承具有不吸水、不吸油性能，热膨胀系数小，散热性好，尺寸稳定，不易造成轴承堵塞；其静动摩擦系数接近，可以消除低速下的爬行；在运转过程中能形成移模，起到防止磨轴、咬轴的现象；拆装方便，不需过高的预紧力。

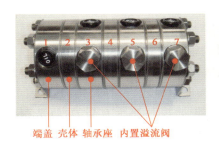

端盖　壳体　轴承座　内置溢流阀

图 5-72　螺杆整体连接式液压马达分配器

4）经验总结

HBW 迷宫环密封系统作为盾构机主轴承密封第一道防线，必须最大限度地降低故障率：一要选用品质可靠的 HBW 油脂，二要做好油脂泵、液压马达分配器、气动球阀、油脂管路等 HBW 油脂系统关键元器件的日常维护与保养。

5.1.13　液压系统典型故障案例分析

5.1.13.1　案例 1：刀盘驱动泵零位偏移故障

1）现象描述

某直径 6m 级泥水平衡盾构机在始发调试期间，发现刀盘转动相关互锁条件满足后，在刀盘制动已松开、刀盘转速和旋向电信号还没给的前提下（其中刀盘旋向控制电磁阀已被拆除，以确保没有电信号），只启动刀盘主驱动 2 号泵时刀盘就会自转，此时主驱动 2 号泵 A 口压力为 20bar、B 口压力为 120bar，斜盘角度为 -5°，如图 5-73 所示。主驱动 1 号泵不存在此现象。反复试验，刀盘驱动泵斜盘角度零位偏移现象仍存在。

图 5-73　刀盘驱动泵斜盘初始角度为 -5°

2) 原因分析

该泥水平衡盾构机主驱动系统为泵-液压马达闭式液压回路,由 2 台并联的斜盘式轴向柱塞变量泵和 7 台并联的轴向柱塞液压马达组成,系统附带补油泵、控制泵等元件,整个系统为电比例调速、恒功率保护方式。如图 5-74 所示为刀盘泵液压原理图所示,当刀盘转向电信号还没给时,则刀盘转向控制电磁阀处于中位状态,此时 X1 和 X2 处的先导控制油压力都为零(先导控制油回油箱卸荷),液动比例换向阀两侧因没有压力作用而处于中位状态。在这种情况下,主驱动泵内部的伺服液压缸也是处于中位状态的,即使启动主驱动泵,主驱动泵斜盘倾角仍然自动归零、无流量输出,主驱动系统无流量输出,刀盘无法被驱动。

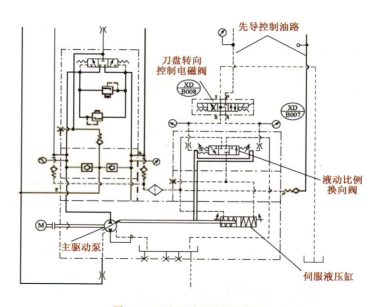

图 5-74 刀盘驱动泵液压原理图

厂家技术人员对 2 号刀盘驱动泵斜盘倾角进行调零,具体操作方法为:首先启动先导控制泵和刀盘驱动泵后,然后通过机械调节三位三通液动比例换向阀两端的节流阀,使 X1 和 X2 处的先导控制压力相等,达到使斜盘倾角归零的目的。但经过几次现场调整,刀盘斜盘倾角在初始状态下仍然不归零。根据主驱动故障现象并结合图 5-74 进行分析判断,认为可能是液动比例换向阀或者伺服液压缸自身出现故障,导致刀盘泵斜盘倾角在初始状态下不能自动归零。最后将刀盘泵返厂进行拆检,其检查结果为伺服液压缸非正常磨损,如图 5-75 所示。

3) 问题处置

该刀盘油泵型号为 A4VS6750HD1/22R-PPH10N009N（进口泵），由于进口元件精度较高，为确保万无一失，从同类型液压泵上拆卸下新的配件并装配到原有泵上。在后续使用过程中，刀盘泵初始状态下斜盘倾角不归零位的故障得到解决，如图 5-76 所示。

图 5-75 刀盘驱动泵伺服液压缸内部磨损

图 5-76 刀盘泵斜盘倾角归零（初始状态）

4) 经验总结

(1) 盾构机技术人员必须熟悉液压原理图，这样才能快速、准确地分析判断出盾构机液压故障的根源所在。

(2) 对于进口液压元件本身而言，其故障率很低，大多数盾构机液压系统故障都是油液污染导致液压元件损坏。即使油液污染程度不高，液压系统元件在长期运行后也会产生非正常磨损现象。

(3) 对于施工距离超过 5km 以上的盾构机，在投入使用前建议将核心液压部件上液压测试平台上进行检测，提早发现问题，防患于未然。

5.1.13.2 案例 2：刀盘驱动泵卡死损坏故障

1) 现象描述

某 φ6m 级泥水平衡盾构机掘进施工时，主司机发现上位机刀盘转速值出现异常波动，随后听到液压泵站刀盘驱动泵有明显异响，随即停机拆下刀盘驱动泵，并委外检修。拆检发现泵内部柱塞滑靴全部破损，部分碎片卡在柱塞缸体与泵内部壳体之间，导致一柱塞头被卡死，严重划伤斜盘面，如图 5-77 所示。

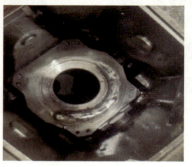

图 5-77　刀盘泵内部损坏状况

2）原因分析

(1) 刀盘泵长期高负荷运转

在刀盘驱动泵损坏前，该泥水平衡盾构机所经地层主要为粉细砂，推进速度约 50mm/min，刀盘扭矩约 1600kN·m，平均每天掘进 10 环左右，掘进较顺畅；随后进入以强、中风化泥岩及泥质粉砂岩为主的地层，该地层具有富含黏土矿物颗粒、遇水软化的特点，掘进时在刀盘中心开口、刀箱及土仓等位置容易结泥饼，致使扭矩变大 (2800~3900kN·m)、泥水仓及气垫仓液位波动大，推进速度仅 5mm/min 左右，平均每天大约 2 环，整体进度严重滞慢；至刀盘泵卡死时，此掘进状况已持续 3 个多月，刀盘泵的驱动压力长期处于高负荷工作状态 (达额定压力的 80% 以上)，逐步加大了刀盘泵内部柱塞滑靴与斜盘的磨损程度。

(2) 刀盘泵经常出现"压力峰值"

进入含强、中风化泥岩的地层后，泥水平衡盾构机非常容易发生糊刀盘、卡刀盘现象。当刀盘被卡无法正常启动时，主司机经常被迫用"刀盘脱困模式"脱困，此时刀盘扭矩高达到5215~6000kN·m，刀盘压力可达到额定300~350bar。由于过多使用"刀盘脱困模式"，刀盘泵驱动压力常出现"压力峰值"，严重影响了设备的使用寿命及性能，极易诱发设备故障。

（3）刀盘驱动闭式液压系统油温偏高

经了解，该项目现场外循环水池未安装冷却塔，时处酷夏，环境温度较高，泥水平衡盾构机外循环进水温度高，导致内循环冷却水温度也高，液压油得不到有效冷却；另外泥水平衡盾构机的推进速度为5~8h/环，机械及液压系统长期运行产生大量的热量。这些因素最终导致主油箱液压油和主驱动泄漏油温度长期较高，更有逼近报警甚至停机的温度。

液压系统油温长期偏高会使液压油黏度下降，破坏滑动部件油膜，使摩擦阻力增大、磨损加剧，从而引起系统发热，容易造成泵等设备的精密配合面因过早磨损，从而造成失效或报废。

（4）液压油污染问题

设备长期处于高负荷运作状态，会导致内部磨损程度较正常工况更大，如果油质监测不及时，可能会出现内部油液已变质却没能被及时发现的情况。该泥水平衡盾构机在泥岩地层掘进困难期间，现场对油液监测未引起足够重视，监测力度和频率相对不足，造成无法及时有效把控油液质量。

（5）设计问题

经查阅该海瑞克泥水平衡盾构机操作说明书及图纸并结合现场观察，发现其上位机"参数设置"界面中无"刀盘最大工作压力"设置选项，刀盘驱动系统缺少一道压力限制防线(属电气保护)。

（6）设备寿命

在故障发生前，该泥水平衡盾构机已累计掘进近7km，期间刀盘驱动泵未进行过专门拆解检修，设备老化也影响了刀盘驱动泵的使用寿命。

综上所述，该泥水平衡盾构机在泥岩地层长期高扭矩(刀盘额定扭矩80%以上)下高负荷运转，内部液压油长处高温状态，会引起液压油黏度降低，刀盘驱动泵柱塞滑靴与斜盘之间的油膜厚度逐步变薄，使滑靴与斜盘之间的磨损程度逐步变大。此外，在泥岩地层掘进期间刀盘经常被卡，被迫经常采取"刀盘脱困模式"，致使液压泵驱动压力频繁出现"压力峰值"(高达300~350bar)，这对泵的性能、工作效率以及寿命影响甚大。再者，油液检测力度不够，造成油液质量无法把控。最后，刀盘驱动泵在遇见某一瞬时高压(例如：刀盘卡死时引起刀盘驱动扭矩瞬时增大)工况时，滑靴与斜盘发生金属接触摩擦，从而造成滑靴与斜盘之间瞬时"卡死",滑靴和斜盘瞬时受力超限,最终造成滑靴破损、柱塞球头划伤斜盘等问题,如图 5-78 所示。

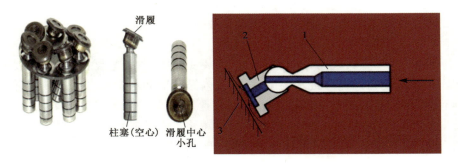

图 5-78　刀盘驱动泵滑靴与斜盘之间配合示意图
1-柱塞;2-滑靴;3-斜盘

3)问题处置

(1)液压泵委外检修。故障刀盘泵在液压修理厂进行了拆洗、换新配件和液压测试平台检测,如图 5-79 所示。具体处置流程为:清洗泵内部的金属杂质,修复可修复零部件,更换损坏配件,液压测试平台检测,分析报告结果并调试恢复至正常参数标定值。

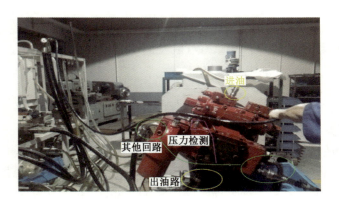

图 5-79　液压试验平台检测刀盘泵

(2)清洗主驱动系统。该刀盘驱动由 2 台刀盘驱动泵和 8 台液压马达组成闭式液压回路,当刀盘驱动泵损坏后,金属杂质不可避免地会进入闭式液压回路系统中。现场将 8 台液压马达委外拆洗,清洗主驱动系统工作及控制管路,并更换主油箱液压油。

(3)加强盾构状态监测。现场配置了相关油水检测仪器、测温仪和振动仪,主要检测项目有:温度、电机振动幅度、水分、黏度、污染度和机械杂质。定时对该泥水平衡盾构机上液压油和齿轮油进行油样检测,对主泵站和主驱动进行振动测试,加强对泥水平衡盾构机的状态监测,及时发现潜在问题并处理解决。经过处理,该泥水平衡盾构机在后续掘进中刀盘驱动泵一切正常,直至顺利贯通。

4)经验总结

(1)设备方面

①施工现场不应随意调节液压泵的原始参数及各功能部件位置,所有原始参数设置应符合《盾构机操作说明书》要求,除非有专业人员授权才可进行参数的更改。

②在液驱盾构机电气设计上增设"刀盘最大工作压力"项,即当刀盘压力一旦超过设定压力值,刀盘即跳停,从而保护刀盘液取系统核心部件(如液压泵、三级减速机等)。

(2)掘进操作方面

①泥岩地层掘进容易堵仓、循环不畅,掘进时主司机应控制好刀盘扭矩,增加仓内循环次数和时间,切勿只顾推进,造成盾构机长时间无效率运行。建议白天掘进,晚上停机循环、泡刀盘,减少刀盘高负荷运转的时间,及时给设备降温。

②泥岩地层掘进时刀盘容易出现"卡死"情况,采用"刀盘脱困模式"可实现脱困,但经常采取这种模式会导致液压泵经常出现"压力峰值"(压力高达300~350bar),建议慎用或少用"刀盘脱困模式"。

(3)掘进施工管理方面

①盾构机掘进受阻阶段,每环掘进时间较长,系统长期处于高压、高扭矩运行状态,内部系统磨损程度较正常工况下会加剧,油液质量更容易变质。建议在掘进困难段增加油液检测及电机、泵振动的状态监测频率,及时发现问题,及时停机换油,确保油液质量。

②外循环水池须设置冷却塔,盾构机外循环进水温度不可超过30℃。

③针对功率较大的液压泵,在盾构机累计掘进里程超过5km后应委托第三方专业厂家进行拆检,充分评估其质量状况后再投入新项目使用。

5.1.13.3 案例3:盾构分体始发液压系统故障

1)现象描述

某直径6m级土压平衡盾构机采用分体始发模式,即设备桥和1号台车下井与盾构主机组装,2~5号拖车放置在顶板及地面,1号台车与2号台车采用延长管线连接,由于竖井深度较大(约40m),在井下延长管线中间连接1台中继泵站用于抽取液压马达壳体泄油至主油箱(人工操作)。计划掘进80m后,拆除负环,将车架全部下井平移洞内,如图5-80所示。

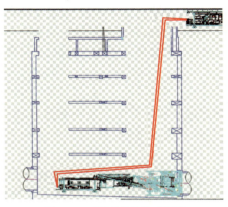

图5-80　盾构分体始发示意图

(1)第一次液压系统问题

在盾构推进至距掌子面约200mm时,刀盘补油泵滤芯压力异常报警,拆检后发现有尼龙袋碎屑、铜屑及铁屑,打开油箱发现油箱底部沉积铁屑、铜屑、黑色异物及部分透明乳胶物(图5-81),油液有乳化现象。后对主油箱油液抽取过滤杂质及水分,并将油箱进行清洗,更换滤芯。随后主油箱加入新油和经滤油机过滤后的液压油,再次启动补油泵发现补油泵压力不足,刀盘连锁保护无法启动。经排查,发现3号刀盘泵内泄严重,泵壳体油液有明显可见铜屑,另外2台刀盘泵未见明显异常。将3号刀盘泵委外拆检,发现缸体磨损,且配油盘干磨发黑。后对3号刀盘泵进行修复,对盾构其他液压泵、液压马达委外拆检、重新装配并检测调试。同时对液压管路进行清洗。恢复安装、调试后正常掘进。

(2)第二次液压系统问题

在进行第二次管线延长后,盾构推进时主泵站值班人员发现主泵站刀盘泵声音异响,故通知主控室停机。单独点动1、2、3号刀盘泵,经现场检查确认是1号刀盘泵异响,且手触1号刀盘泵泵头温度较高,同时主控室上位机显示补油泵滤芯报警,过滤循环滤芯报警,检查过滤循环泵滤芯、补油泵滤芯,发现滤芯表面附着大量的铜屑。随后对泵壳体油液和相关滤芯进行检查,其中主回油滤芯、推进滤芯、中继油箱未发现肉眼可见铜屑,其他地方或多或少出现铜屑。现场决定对1、2号刀盘泵及螺旋输送机泵进行拆除,同时对主油箱进行放油、清洁工作,油箱底部亦有大量铜屑。现场对1号刀盘泵进行解体,发现下泵内部损坏严重。主要问题如下:

①2 根柱塞滑靴完全脱落,其中 1 根油道堵塞,其他 7 根滑靴不同程度磨损、断裂,九孔盘孔崩裂 1 处。

②压板螺栓 8 根,断裂 4 根,2 块压板移位严重损坏,压板严重损坏、变形。

③止推板磨槽明显。

④柱塞孔内发现断裂密封圈两段。

⑤止推板上发现部分颗粒物(经初步研判,为焦黑滑靴颗粒)。

⑥脱落滑靴有干磨、发黑痕迹。

图 5-81　主油箱及补油泵滤芯杂质

2)原因分析

经过对 1 号刀盘泵进行拆解,分析得出直接原因为泵滑靴脱落、异常磨损,产生大量铜屑,出现泵运行时异响、发烫现象。其他可能的诱因如下:

(1)刀盘泵内部进入异物。本次 1 号刀盘泵拆检过程中发现柱塞杆中有断裂密封圈,存在破损密封进入柱塞和滑靴,堵塞滑靴阻尼孔,导致其中部分滑靴与止推板干磨损坏,进而产生恶性连带效果,导致整个泵损坏。造成液压系统异物进入的可能原因为:

①延长管线内部未完全清理干净。

②加注的油液品质不合格。

③由于设备在使用过程中主驱动油管密封液多次损坏进行更换,密封圈损坏导致破损的密封圈进入液压系统。

(2)延长管线过长及急停操作对液压系统的冲击。由于垂直延长管线约 40m,水平管线约 60m,累计延长已达 100m 以上,后续还需进行 1 次管线延长(20m/次),延长管线尺寸过长,压力冲击会对液压系统造成影响。长距离管线延伸会造成液压系统的"水锤"效应,对系统产生距离冲击导致泵损坏,特别是在泵急停时该现象表现尤为明显。

（3）第一次故障泵委外拆检、调试、装配过程中质量问题，导致刀盘泵在运行过程中异常损坏。

（4）其他可能对压系统造成影响的方面：

①主驱动延长管路球阀未全部打开，在更换刀盘管路损坏油封后，刀盘旋转及扭矩异常，排查发现有 2 根主驱动延长管线上油管球阀未打开，刀盘泵压力冲击、泵体吸空对系统造成损伤。

②泄漏中继油箱憋压过高，现场人员多次忘记抽取中继泵油液造成中继油箱憋压、液压油大量泄出，导致液压马达壳体泄油背压急速增高。

3）问题处置

（1）拆检 3 个刀盘泵，根据损伤情况进行维修。

（2）损坏的液压泵杂质会通过泄漏管道进入各泵和液压马达，对所有液压泵和驱动液压马达进行拆解、检测、清洗。

（3）更换整个系统液压油和液压滤芯。

（4）清洗液压油箱，使用面团对整个油箱内壁进行全面清洁。

（5）拆掉所有泄漏油管、回油管、主驱动 A/B 管及泵站吸油管路，逐根清洗干净。

4）经验总结

（1）油液清洁度是保证液压系统良好运转的主要因素，一旦液压系统遭到污染或异物进入，带来的结果必定是液压元件的损坏和不能正常工作。

（2）针对盾构机分体始发工况，应对延长管线作业进行详细技术交底，加强管线延长、泄油中继油箱作业人员管理，对球阀开关状态，管路对接、管路油封、中继油箱液位进行检查、复核确认。

（3）液压泵/马达应委托专业机构进行检修，确保维修质量后方可投入使用。

5.1.14　电气系统典型故障案例分析

5.1.14.1　案例 1：刀盘转速异常故障

1）现象描述

某液驱土压平衡盾构机在调试刀盘驱动系统时，发现刀盘转速最大只能调到 1.5r/min，无法调到设计最大转速，即 4.5r/min。

2）原因分析

（1）排查刀盘驱动液压部分

对刀盘驱动闭式液压回路所有滤清器、管路进行排查，未发现管路堵塞、漏油和错接现象；当刀盘正转时，检测刀盘泵输出压力、液压马达工作压力、补油泵和控制泵工作压力值均处于正常范围,刀盘反转时检查结果一样,初步判断刀盘转速异常故障与刀盘闭式液压回路无直接关联,问题可能出在电气部分。

（2）排查刀盘驱动电气部分

①检查刀盘泵电机启动电路。

该液驱土压盾构刀盘驱动泵电机额定功率315kW(共计3台),采用星三角启动控制,如图5-82所示。K2为启动继电器,K5、K6、K7为星三角启动转换继电器,经检查正常。

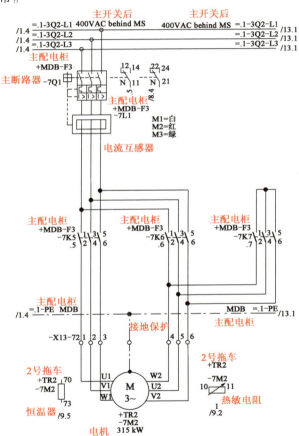

图5-82 刀盘泵电机启动电路原理图

②检查刀盘泵电机启动PLC控制电路。

如图5-83所示,图中9-39D2是盾构机PLC数字量信号输出模块,其端口10的输出代表PLC输出A101.12信号,13-2K2是1号刀盘泵电机启动继电器,当9-39D2端口12(即A101.12)输出电信号,继电器13-2K2得电时,触电接通,刀盘泵电机1启动运转。当9-39D2端口12无电信号输出,继电器13-2K2不得电时,触电断开,刀盘泵电机1断电停止运转。K2、K5、K6、K7为刀盘泵电机启动继电器,9-33D1为PLC数字量输入模块,13-1K6为1号刀盘泵电机启动继电器,13-1Q1为刀盘泵电机1断路开关。根据电气原理图检查上述相关继电器、PLC输入输出模块通断性,均属正常。

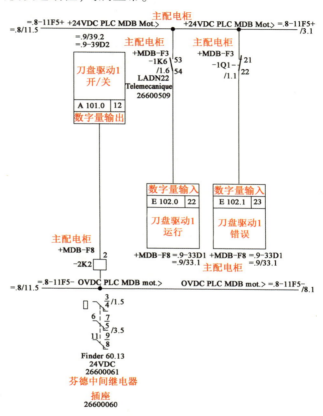

图5-83　刀盘泵电机启动PLC控制电路原理图

(3)检查刀盘正反转控制电路

如图5-84所示,9-13D2为PLC数字量输出模块,13-68K1为1号刀盘泵反转信号输出继电器,13-68K4为1号刀盘泵正转信号输出继电器,13-68Y3为1号刀盘泵反转电磁阀,13-68Y5为1号刀盘泵正转电磁阀,13-51K2为刀盘控制泵电信号输出继电器,13-51Y3为刀盘控制泵电磁阀,13-58K2为刀盘高低速挡位信号输出继电器,13-58Y3为刀盘高低速挡位控制电磁阀,13-60K2为刀盘制动解除信号输出控制继电器,13-60Y3为刀盘制动解除电磁阀。

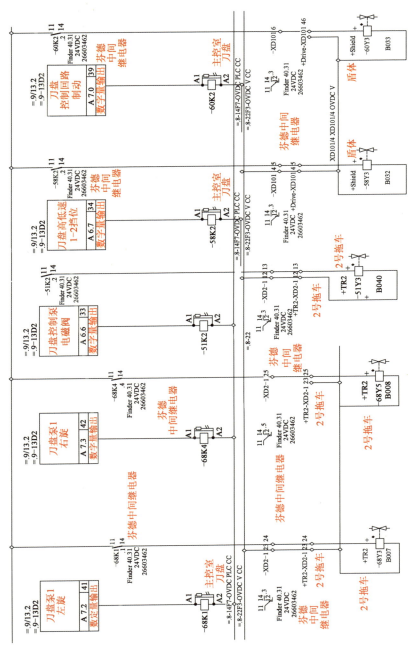

图5-84 刀盘正反转PLC控制电路原理图

PLC 数字量输出模块 9-13D2 的端口 39 输出信号代表 PLC 输出 A7.0。当 9-13D2 的端口 39 输出信号给继电器 13-60K2 时,此继电器触点 11 和 14 连通,从而电磁阀 13-60Y3 得即电磁阀 B033 得电,刀盘制动控制阀 B033 被通过的刀盘控制泵先导压力油打开,刀盘制动解除。同理 PLC 通过 A7.2、A7.3、A6.6 和 A6.7 的信号输出分别控制电磁阀 B007/B008、加载电磁阀 B040、两位四通电磁换向阀 B032 的开启来控制刀盘正反转、控制油泵开启给刀盘闭式液压回路供应先导油、刀盘液压马达高低档位控制机构。

检查 PLC 数字量输出模块 9-13D2 与 13-68Y3、13-68Y5、13-58Y3、13-60Y3、13-51Y3 之间信号通断性,发现 1 号刀盘泵反转和正转的电磁阀 13-68Y3 和电磁阀 13-68Y5 接反,即控制 1 号刀盘泵反转和正转的电磁阀 B007 和电磁阀 B008 控制线接反。当刀盘正转时,2 号和 3 号刀盘泵正转,1 号刀盘泵反转,导致刀盘闭式液压工作回路中存在 2 台液压泵向液压马达进油管路供油,另 1 台液压泵向液压马达主回油管路供油的非正常现象,这样会引起刀盘驱动液压马达供油压力不足,液压马达排量切换不畅,无法正常切换到刀盘高速挡位状态,即刀盘转速无法达到最高额定转速值。当刀盘反转时,同理。

3)问题处置

将控制 1 号刀盘泵反转和正转的电磁阀 B007 和电磁阀 B008 控制线重新连接,刀盘可达到最高转速值,故障排除。

4)经验总结

逻辑类故障综合处置难度相对最大,必须要熟悉盾构机液压和电气控制原理,根据系统液压及电气关联,采用逻辑思维方法,有步骤地逐个排除可能引起故障的因素,才能准确判断和解决出现的复杂故障。

5.1.14.2　案例 2:刀盘过热故障报警

1)现象描述

某电驱盾构机刀盘无法正常启动,上位机显示刀盘过热故障(故障灯亮)。

2)原因分析

(1)检查刀盘电机过热保护输出线路,均无异常,说明主电机未发生物理过热,而是过热信号出现传输错误,初步判断可能 PLC 程序出现错误。

(2)如图 5-85 所示,对该盾构机刀盘驱动电机热保护 PLC 程序段进行分析:只要有 1 台主电机过热,传输继电器都会动作,刀盘过热故障灯都会亮,传输继电器的值来自操作台控制盘的输入继电器,引起监视程序运行发现 10 台主电机都发热,与电机未发生物理过热检查结果相矛盾。综上判断,刀盘过热故障报警非外部电路引起,而是 PLC 负责电气过热接收的输入模块出现异常。

3）问题处置

拆除 PLC 输入模块并进行检查，发现电源插头线焊接脱落，重新补焊牢固后，刀盘过热报警故障解除。

4）经验总结

（1）当盾构机电器元件损坏时，此类故障排查思路：把故障元件换在一个正常工作的接口接上，观察显示是否正常，若显示正常，再反过来把正常元件接到有故障的接口，看是否正常工作，这样很容易判断是结构出现问题还是电气元件出现问题。

11944	LD	M9032	M9032	=1s 时钟
11945	OR	M2718	M2718	=刀盘电机过热 Bz 停止
11947	AND	M2618	M2618	=刀盘电机过热
11949	OR	M1027	M1027	=点灯检验（触摸 P）
11950	OUT	YIDA	YIDA	=刀盘电机过热 PL
12522	LD	TO	TO	=PLCRUNlsec 后
12523	LDI	B676	B676	=NO.1 刀盘电动机过热
12525	LDI	B677	B677	=NO.2 刀盘电动机过热
......
12541	LDI	B685	B685	=NO.10刀盘电动机过热
12543	ANB			
12544	OUT	2618	M2618	=刀盘电动机过热

图 5-85　PLC 程序段（主电机过热）

（2）当盾构机电气元件的连接线路之间出现故障时，会使数据传输出错，或者传输中断。此类问题的解决思路：把电箱里的线路一端短接，然后测量另外一端的电阻。若显示短接，则线路正常；若显示断路或者有电阻则线路连接出现问题，中间线路断开或者接头有松动，找出故障点重新连接好，即可解决设备故障。

5.1.14.3　案例3：主电机变频柜进线铜排烧坏

1）现象描述

某硬岩地层电驱盾构机掘进时，主电机突然跳闸，现场检查发现是由于主电机变频器的一侧进线铜排烧坏引起，如图 5-86 所示。

图 5-86　进线铜排烧毁

2）原因分析

经现场检查，原因确定为铜排顶紧螺栓松动，掘进时通过大电流引发起弧发热，导致铜排外表面绝缘胶皮和壳体烧坏。

3）问题处置

更换损坏的进线铜排，紧固到位后合闸送电调试。

4）经验总结

针对硬岩地层施工的盾构机,因设备自身振动相对软土地层较大,盾构关键电气元器件接线端子(如软启动器、变频器、高压相变、高压隔离开关、主断路器、无功补偿系统、主接触器等)紧固螺栓在长期振动环境影响下容易松动,必须定期按设计标准值进行复紧,以保证电气设备正常运转。

5.2 土压平衡盾构机典型系统故障案例分析

5.2.1 螺旋输送机典型故障案例分析

5.2.1.1 案例1:螺旋输送机筒体磨穿涌砂

1）现象描述

某6m级土压平衡盾构机在砂砾层掘进时,中盾底部位置突发大量涌砂险情,3min左右涌砂量达10m³之多,项目部立即启动应急预案处理。经现场排查,发现与前体底部连接处螺旋输送机首节筒体下部磨穿,形成一条2.5cm×22cm的裂口,如图5-87所示。

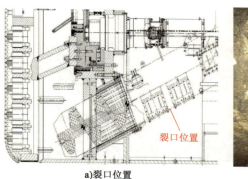

a）裂口位置　　　　　b）现场情况

图5-87　螺旋输送机首节筒体底部磨穿位置

2）原因分析

施工地层主要为砂砾层,石英含量高,对钢构件金属磨损较大,现场未定期对螺旋输送机筒壁壁厚进行检测,在螺旋输送机筒壁磨损已超限的情况下,未及时采取措施,最终造成螺旋输送机筒壁磨穿涌砂。

3) 问题处置

用耐磨钢板补焊螺旋输送机筒体磨穿位置(图 5-88),在剩余砂层区间掘进增加螺旋输送机筒壁壁厚监测频次,直至盾构机顺利贯通。

图 5-88　螺旋输送机筒体磨穿位置补焊耐磨钢板

4) 经验总结

针对设备状况、不同地层工况特点,必须制定相应的设备监测管控方案并严格执行,设备进场前做好静态勘验工作,以避免发生大的设备使用安全事故。

5.2.1.2　案例 2:螺旋输送机后闸门失效漏浆

1) 现象描述

某直径 6m 级土压平衡盾构机在第 111 环掘进至 1945mm 掘进完成时,上部土压为 2.40bar。停止推进后,螺旋输送机下闸门开始漏渣,下闸门行程显示开口行程已经完全关闭,上部土压下降至 0.18bar,土仓内失压。理论出渣量 83m³,实际出渣量约 108m³。地层为全强风化花岗岩,渣样为颗粒状,如图 5-89 和图 5-90 所示。

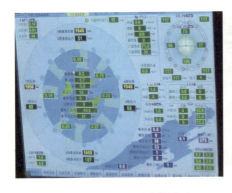

图 5-89　上位机掘进参数界面　　　　图 5-90　螺旋输送机后闸门漏浆

2)原因分析

盾构机停机时螺旋输送机后闸门密封失效,土仓与螺旋输送机之间直接连通,在掌子面水土压力作用下导致螺旋输送机闸门处漏浆、土仓压力骤然下降。

3)故障处置

(1)关门螺旋输送机前闸门。启动螺旋输送机伸缩功能,关闭螺旋输送机前闸门,如图 5-91 所示。

图 5-91　螺旋输送机前闸门关闭

(2)封堵螺旋输送机。通过螺旋输送机筒体径向注入孔(图 5-92)注入衡盾泥、聚氨酯,向土仓内注入膨润土泥浆填仓保压(压力稳定在 2.4bar),待螺旋输送机前部、后部压力传感器显示压力值一致时,可判断螺旋输送机封堵完成。

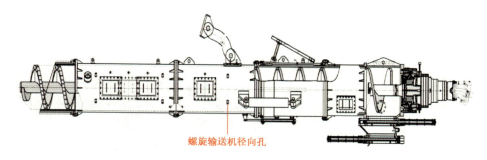

螺旋输送机径向孔

图 5-92　螺旋输送机筒体径向注入孔

(3)启动地面注浆加固工作。

(4)检查螺旋输送机后闸门失效情况。

先打开螺旋输送机下闸门,确定无漏渣,继续打开螺旋输送机后上闸门,确定无漏渣,清理后上闸门闸板滑道,必须将后上闸门完全关闭;检查后下闸门时发现闸板磨损(磨损长度10cm、磨损厚度2cm),如图5-93所示。

(5)整体更换螺旋输送机后下闸门,更换完成后恢复推进,如图5-94所示。

图5-93　螺旋输送机后下闸门磨损情况　　　图5-94　更换螺旋输送机后下闸门

4)经验总结

(1)螺旋输送机是土压盾构出渣和保压的关键部件,在始发验收时必须对螺旋输送机伸缩功能、螺旋输送机前后闸门密封情况等进行逐项排查;在掘进施工时必须严格按照维保计划,根据地层渣样、掘进参数等实际情况,增加对螺旋输送机闸门、筒体等磨损情况的日常监测频度。

(2)土压盾构掘进时,不少主司机习惯只调节螺旋输送机后下闸门开闭动作来控制出渣,这样会加速后下闸门磨损速率。应严格进行施工人员的交底培训,要求主司机必须进行螺旋输送机双闸门交替控制出渣。

5.2.1.3　案例3:螺旋输送机断轴故障

1)现象描述

某砂卵石地层土压平衡盾构机在同一区间出现了两次螺旋输送机断轴故障,断轴位置如图5-95所示。第一次断轴部位在距离前端2m处的实心轴与空心轴连接部位V形焊缝处,即前端轴六方根部,第二次断轴发生在焊接部位前端,两次断轴情况如图5-96所示。

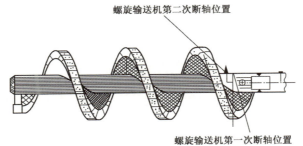

图5-95　两次螺旋输送机断轴位置示意图

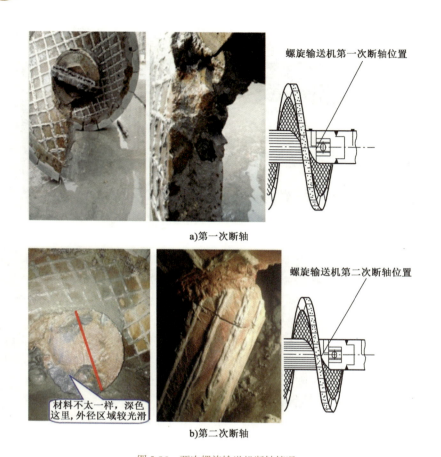

图 5-96　两次螺旋输送机断轴情况

2）原因分析

（1）设计方面

该盾构螺旋输送机前端伸缩筒体相对螺旋输送机轴支点靠后，导致螺旋输送机轴悬臂太长，螺旋输送机伸入土仓长度 1.23m，可能导致其在砂卵石等高冲击载荷工况下可承受的侧向力相对较弱，如图 5-97 所示。

（2）材质方面

从断轴断面外观来看，螺旋输送机轴芯部颜色不一；从宏观断口来看，其断裂属于脆性断裂。螺旋输送机轴的材质为 Q345B 钢，按照国家标准《低合金高强度结构钢》（GB/T 1591—2018）规定检测螺旋输送机断轴化学成分、夹杂物，结果表明：碳含量超标达到 0.40% 以上（标准值不高于 0.20%）；夹杂物合格；

冲击韧性4~12J，冲击韧性较低（远低于标准值27J）。判断螺旋输送机断轴可能因为材质选择不合格，冲击韧度低，在应力及扭矩共同作用下产生脆性断裂。

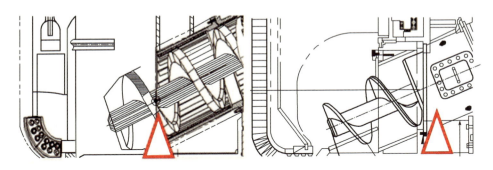

图5-97 螺旋输送机前端伸缩筒体安装位置对比图

（3）制造工艺方面

螺旋输送机轴作为焊接件，在制造过程中可能存在焊接工艺不当、焊接后冷却方式不当或质检不合格，导致焊接部位存在缺陷，将影响螺旋输送机轴的疲劳强度、抗脆断能力和抗腐蚀开裂能力等综合性能，使螺旋输送机轴在长期使用过程中易出现断轴的情况。

（4）地层方面

在砂卵石地层或者孤石地层掘进时，可能会出现土仓中卵石在螺旋输送机进渣口堆积情况。在这种情况下，刀盘旋转扰动卵石，如螺旋输送机在高速旋转过程中突然停止，使得螺旋输送机轴前端受到较大的惯性冲击，可能导致断轴情况发生。

（5）使用管理方面

因盾构掘进参数选择不合理、渣土改良效果不佳，可能会导致螺旋输送机在旋转过程中，承受较大载荷或冲击，频繁过载或遭受较大冲击可能导致断轴。对螺旋输送机的检查、维护、保养不到位也是造成断轴的可能原因之一。

3）故障处置

螺旋输送机第二次断轴后，紧急修复第一台断轴螺旋输送机。将螺旋输送机断裂面处打磨平整，见金属光泽，端面裂纹刨除干净；选择合适的焊条，对断裂面两侧的螺旋输送机轴进行预热，预热温度为120℃，预热长度范围应大于120mm（根据现场情况调整）；对断裂轴施焊，焊接层间温度不超过200℃；焊接完成后应使用保温棉裹住焊缝进行保温，保温时间为24h（根据实际情况调整），待焊缝冷却至常温后进行无损探伤检测焊接质量。经维修的螺旋输送机运至工地后,继续完成剩余区间隧道施工。

4)经验总结

(1)针对砂卵石或孤石等高冲击性载荷地层,在不影响出渣的前提下,应尽量减小螺旋输送机轴深入土仓内的悬臂长度;在进行螺旋输送机选材及结构设计时,应充分考虑地层因素,合理选材、合理设计,并选择合适的制造工艺。

(2)螺旋输送机制造过程应严格按照设计要求选材,材质必须经过专业资质机构检验合格后方可应用;严格执行相关焊接工艺标准规范,加强制造工艺过程关键工序质量控制。

(3)施工过程中要选择合适的掘进参数,做好应对复杂地层的相应预案,保证较好的渣土改良效果,随时注意地层及掘进参数的变化,遇到异常的情况及时做出应急处理、制定应对方案,将设备风险和异常磨损的可能性降到最低,加强设备的养护工作,增加施工人员的基本责任感。

5.2.2 渣土改良系统典型故障案例分析

5.2.2.1 案例1:泡沫原液泵定子磨损

1)现象描述

在掘进过程中刀盘扭矩显示过大,通过泡沫观察口发现泡沫发泡效果不佳,同时上位机显示泡沫流量偏小或显示为零,即使调整外循环水压,发泡效果仍不理想。现场卸开原液泵出口连接管道,直接用变频器控制,将转速调到最大,出口压力很小,判定是原液泵定子磨损(图5-98),更换原液泵定子后发泡效果即可正常。

图5-98 泡沫定子磨损

2)原因分析

(1)泡沫原液罐底部有细小砂砾,一般是泡沫原液补充时所用泡沫吸入泵管道外壁上的砂子进入罐中。

(2)泡沫原液泵泵体稳定性差,泵体存在晃动情况,如图5-99所示。

(3)泡沫原液泵管路上的软管有漏气现象。

(4)泡沫发生器堵塞,膨润土中混有泥砂等杂质导致管路中的止回阀卡死,膨润土倒灌泡沫管路堵塞泡沫发生器,如图5-100所示。

图 5-99　泡沫原液泵

图 5-100　泡沫发生器堵塞

3）问题处置

(1) 清洗泡沫原液罐，加强泡沫原液补充时的细节管理，泥沙混入罐中的问题得到解决。

(2) 重新制作泵底座，解决泡沫原液泵的稳定性问题。

(3) 更换破损软管，接口可靠连接，泡沫原液泵吸入管的漏气问题得到解决。

(4) 将泡沫发生器拆卸清洗，加强膨润土储运管理，避免膨润土污染。

4）经验总结

要在源头上保证泡沫原液及膨润土洁净。

5.2.2.2　案例2：泡沫管道堵塞

1）现象描述

泡沫注入系统管道压力传感器报警（图 5-101）、螺旋输送机扭矩增大、渣土黏稠。

图 5-101　泡沫管道压力报警

2)原因分析

每条泡沫管道上都装有一个压力传感器,管道压力超过设定压力时会导致PLC异常报警,说明对应一路泡沫管道存在堵塞情况。

3)问题处置

(1)打开增压水泵用增压水清洗管道,若增压水在管道最大允许压力下无法疏通管道,可拆开管道检查、疏通。

(2)如果螺旋输送机扭矩增大、渣土黏稠,立即检查通往螺旋输送机上泡沫管道阀门是否打开,适当增大泡沫供给量。

(3)在原泡沫系统中增设一条与泡沫注入管路并联的清洗回路,输送介质为盾构机外循环工业用水,清洗回路水泵功率30kW、工作管路通径φ50mm、清洗回路工作压力1.0MPa。当正常掘进时,泡沫系统只输送泡沫;当拼装管片或停机时,泡沫系统只输送清洗水,清洗回路频率根据地质条件做出相应调整。

4)经验总结

一旦注浆液在泡沫管道中堵塞、凝固时间较长后,采用传统的高压水冲洗疏通管路方式,不但增加工作量,工效也低。针对注浆液的凝固和渣土的黏着性等特点,最佳的思路是设法使泡沫系统的管路内始终有介质流动,使注浆液和渣土没有停留的时间,从而保证泡沫管路畅通。

5.2.2.3 案例3:膨润土泵无流量显示

1)现象描述

膨润土泵无流量显示,其异常表现为:电路正常,流量计参数重置之后流量仍无变化,如图5-102所示。

图5-102 膨润土泵出口流量计

2)原因分析

可能原因:管道可能有堵塞;系统中所有阀门不是全部处于开启状态;流量计接线端子可能有松动现象。

3)问题处置

(1)排除管道堵塞、开启管道所有阀门后,开启膨润土系统仍不正常。

(2)现场发现存在工人多次拉拽流量计线路现象,检查流量计接线端子有松动的情况。更换和紧固接线端子后,故障消除。

4)经验总结

应加强操作人员盾构机各系统规范操作培训和日常盾构机电器线路检查维护。

5.3 泥水平衡盾构机典型系统故障案例分析

5.3.1 泥水环流系统典型故障案例分析

5.3.1.1 案例1：泥水环流系统卡泵故障

1）现象描述

某地铁项目左线区间6m级泥水平衡盾构机正常掘进过程中，突然进浆管路和泥水仓压力暴涨，主司机紧急停机后排查发现主排浆管路多个软管已经爆管，经排查发现排浆管路已经堵塞，排浆泵被卡死。

2）原因分析

前期地质勘探报告中显示始发段砾石层最大粒径不超过10cm，而实际出现了粒径大于18cm的大块砾石（图5-103），由于该设备没有配置破碎机，而排浆泵的最大通过粒径18cm，大块砾石无法通过排浆泵而被卡在叶轮处，导致泵突然停止；此外该泥岩地层中夹杂有卵石，这些夹杂卵石的泥岩被切削下来后，会形成大块的团状泥岩（图5-104），这些团状泥岩在排浆泵进口处很有可能出现滞流，大量团状泥岩会导致泵进口在某一时刻被瞬间堵塞。

图5-103 大粒径砾石

图5-104 团状泥岩

3）问题处置

针对左线泥水平衡盾构机出现的问题，通过在右线泥水平衡盾构机中增加采石箱和搅拌箱等针对性优化设计，较好地解决了泥浆循环系统卡泵问题，设备在砾石和泥岩地层中掘进时没有出现卡泵现象，相对于左线设备，提高了设备的掘进效率，降低了施工风险。

（1）针对前 30 环以砾石为主的地层,在排浆泵前增加一个带有过滤格栅的采石箱(图 5-105)。该采石箱的过滤格栅只能通过比排浆泵通过粒径小的砾石,大块砾石将被格栅阻挡,储存在采石箱内,施工人员定期清理。

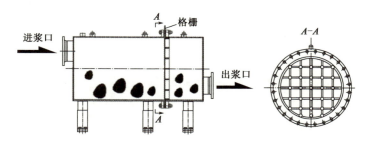

图 5-105　采石箱结构示意图

（2）针对 30 环以后以泥岩为主的地层,此时卡泵的风险主要来自大块的团状泥岩,这些泥岩块质地较软,将原来的采石箱更换为搅拌箱(图 5-106),通过搅拌箱中的搅拌棒,把团状泥岩搅碎,然后通过排浆泵排出。

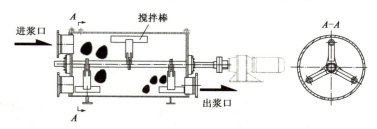

图 5-106　搅拌箱结构示意图

4）经验总结

在砾石地层或泥岩地层中,对于无破碎功能的泥水平衡盾构机,在排浆泵前增加采石箱或搅拌箱是解决泥浆循环系统卡泵问题的有效方法。

5.3.1.2　案例 2:泥水环流系统管路磨损与振动

1）现象描述

某隧道采用泥水平衡盾构机施工,始发段地层卵砾石含量约占 80%。在施工过程中泥水盾构机循环系统的整个管路中,排浆管路的磨损最为严重。其主要表现为冲蚀磨损,其中以泥浆管路直角弯管和排浆泵出口弯管的磨损速度较大,每掘进 100m 平均磨损量分别为 3.5mm、2.4mm。其管路磨损程度如图 5-107 所示。

管路振动主要集中在泥浆循环系统的各弯头、三岔管以及排浆泵处,严重威胁设备安全。自盾构机始发到完成 300 环掘进施工的过程中,有 2 台排浆泵泵壳损坏,如图 5-108 所示。

图 5-107　直角弯管磨损

图 5-108　排浆泵泵壳磨损

2)原因分析

(1)泥浆循环管路异常磨损

泥浆含砂量的增加是造成泥浆循环管路异常磨损的重要因素。除此之外,泥浆循环管路所运输的物料为刚破碎的卵石,具有粒径大、石英含量高、尖角多的特点。石块的粒度越大其动能越大,冲击管壁时所造成的磨损越严重。高石英含量使得石块表面的强度很高,加之石块外形尖角较多,对管壁的冲蚀多表现为切削磨损,远大于球形磨粒冲蚀所产生的塑性变形磨损。

(2)泥浆循环管路异常振动

泥浆在流经管道的过程中,一方面,由于管路的弯头、管径变化以及阀门的开闭等因素影响,不可避免地产生流速、压力的变化,加之泥浆泵在进浆与排浆时存在一定的周期性,使得管内流体的压力、速度和密度等参数随位置发生变化,又随时间变化产生了管道振动问题;另一方面,管道内的大量石块在运输过程中,在管路弯头和泥浆泵处发生剧烈碰撞,形成激振力,同样引发管路系统的强烈振动。

3)问题处置

(1)泥浆管路磨损改进

①对所有排浆管路采用偏心加厚设计,从物理性能上增强耐磨性,如图 5-109 所示。石块在泥浆管路运输过程中的运动轨迹较为固定,因此,根据经验确定将会出现剧烈磨损的管壁位置,对其进行偏心加厚,如直管的底部、弯管的外侧(冲刷面)等。

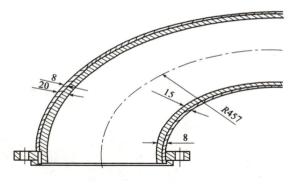

图 5-109　管路冲刷面偏心加厚（尺寸单位：mm）

②所有的结合面采用整体铸造方式,有效地避免了焊缝长期受到局部撞击而加速磨损。

③在排浆管路所有的冲刷面加装防磨环,如图 5-110 所示。一方面对物料的冲刷起到防磨作用;另一方面改变物料的流向,减小物料与管壁之间的冲击角,减小对冲刷点长期不间断的撞击冲刷磨损。

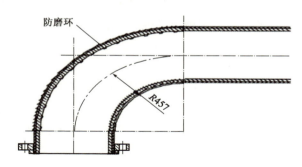

图 5-110　管路冲刷面加装防磨环（尺寸单位：mm）

④管路内壁内衬抗磨合金钢。耐磨管路的外壁采用普通 Q235 钢管,内衬采用高铬钼抗磨合金钢(KMTBCr20Mo2Cul),热处理硬度 HRC＞58,既保证泥浆管道的焊接性能,又使得泥浆管道具有较高的机械强度和耐磨性能,大大增加了泥浆管道的使用寿命(是普通材料 Q345 钢、16Mn 合金钢使用寿命的 5～12 倍)。

（2）泥浆管路减振改进

①利用弹性管段将管道与振动源隔离,采用减振材料制造管壁和采用挠性管接头连接管道等措施,可有效减小振动在管壁内的传递,降低管内压力脉动。

②减振喉是一种用于金属管道之间,起挠性连接作用的中空橡胶制品,可有

效降低振动及噪声,目前已广泛应用于各种管道系统。根据泥浆管路结构分析,对可能出现较大振动的排浆泵出口、排浆管及排浆三叉管加装减振喉,可以减小振动损害,如图5-111所示。

图 5-111　排浆泵出口处的减振喉

③为尽量降低水锤现象对管路的冲击影响,适当增加环流系统各阀门开启与关闭的时间,泥浆泵在启动与停泵时通过变频调速缓慢增加和降低泵的转速。

4)经验总结

(1)泥浆含砂量高、破碎卵石粒径大、石英含量高和尖角多是泥水盾构机在卵砾石地层中掘进时易出现管路异常磨损的主要原因。

(2)对排浆管采用偏心加厚设计、结合面整体铸造、冲刷面增加耐磨环和排浆管路内壁浇筑高铬钼抗磨合金钢内衬的方式,能有效提升循环管路的耐磨性能。通过在管道连接处增加减振喉,能够有效降低排浆泵出口和排浆三叉管的振动。但由于泥浆循环管路输送有大量石块,大大缩短了减振喉的使用寿命,其经济性较低。

5.3.1.3　案例3:碎石机系统故障

1)现象描述

某6m级泥水平衡盾构机碎石机系统在长距离掘进后存在诸多设备问题,具体表现为碎石机液压缸密封失效、活塞杆磨损、碎石机油管及关节轴承损坏、液压系统污染、液压泵内泄等,如图5-112所示。

2)原因分析

(1)泥水盾构碎石机及其管路长期浸泡在气垫仓内底部泥沙中(图5-113),泥沙和碎石冲刷导致碎石机液压缸活塞杆表面磨损、电镀层脱落、活塞杆和缸筒生锈。

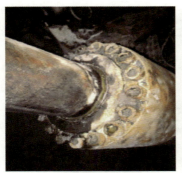 

a) 碎石机油缸活塞杆磨损与防尘密封失效　　b) 碎石机油缸油管磨损(管接头生锈)

图 5-112　碎石机液压缸密封失效、管路磨损等

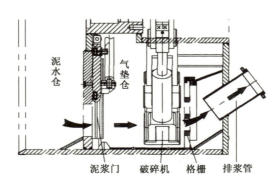

图 5-113　碎石机安装位置示意图

（2）碎石机液压缸硬管被长期冲刷磨损，造成其磨损、腐蚀、穿孔，导致泥浆进入液压系统，损坏液压元件；液压缸的摆动使得液压硬管在泥沙中扰动，易造成液压硬管磨损、扣压接头断裂；破碎机破碎时产生的振动，易造成液压缸管路连接法兰螺栓松动，导致泥浆进入管路污染液压系统。

（3）碎石机液压缸长时间浸泡在气垫仓的泥沙中，且泥浆压力一般较高，关节轴承和液压缸防尘密封容易进入泥沙，导致关节轴承异常磨损、液压缸密封失效及内泄情况发生。

（4）碎石机液压缸在长期高压工况作业条件下，容易引起碎石机液压泵泄漏，系统压力达不到设计要求，满足不了破碎机挤压力要求。

3）问题处置

（1）选用高耐磨性的材质制造碎石机液压缸缸筒、活塞杆，提高活塞杆表面的电镀层硬度,强化液压缸耐化学腐蚀和耐磨性。

（2）取消连接气垫仓内液压缸的硬管,均更换为整根超耐磨液压胶管,以提高其耐磨性能;将扣压接头定制为加长、加厚型,以提高接头抗冲击性能和抗弯曲强度;扣压接头使用不锈钢材质,以增强耐腐蚀性能;液压胶管外面缠绕波纹管,以增强其耐磨和抗冲击性能;气垫仓内破碎机液压缸胶管不使用对分法兰,采用整体法兰盘安装,这样可以大大提高法兰盘处固定螺栓在高振动环境下的防松效果。特制的加长、加厚法兰及扣压接头如图 5-114 所示。

图 5-114　胶管扣压接头

（3）碎石机液压缸采用倒装式(如图 5-115 所示),油道内置于活塞杆内部。液压缸缸体置于高密度渣土的下部,活塞杆朝上,可减少液压缸活塞杆的磨损。油管内置减短了液压管路露出的长度,可减少管路的异常损坏几率,且进油口和回油口都位于液压缸上端部,可减少岩石冲击油管的概率,如图 5-116 所示。

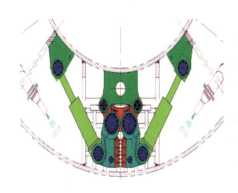　

图 5-115　碎石机液压缸倒装　　　图 5-116　油道内置式液压缸

(4)碎石机液压缸采用 2 道防尘密封和多道高压密封,以增强高压状态下防尘密封效果,防止泥沙进入液压缸。

(5)碎石机关节轴承 EP2 油脂润滑压力要大于气垫仓底部环境压力,保证润滑油脂能从关节轴承润滑点位溢出,防止泥沙进入关节轴承内部。

(6)在碎石机液压系统中安装流量计,实时检测碎石机液压缸行程与伸缩速度。当液压缸实际行程检测值与设定值之间存在偏差时,经 PLC 系统程序判断,促使碎石机液压系统在摆动模式(软土工况)和挤压模式(破岩工况)之间自动切换,避免碎石机液压系统长期处于高压状态,最大限度地延长液压系统使用寿命。

4)经验总结

破碎机是泥水环流系统中的关键部件之一,由于其使用环境极其恶劣,破碎机经常异常损坏,它的损坏对泥水盾构的顺利出渣造成严重影响,从而引起掘进速度降低,甚至完全不能掘进。所以降低破碎机的损坏几率,提高破碎机的使用寿命尤其重要。

5.3.2 保压系统典型故障案例分析

1)现象描述

某 11m 级泥水平衡盾构机在掘进时,突然推进系统自动停止掘进,同时听到 SAMSON 保压系统主气管路中伴随有大量气体流动的声音,且两台保压系统空压机同时启动运转(注:正常情况下,气垫仓液位稳定,所需的补气量很少,SAMSON 保压系统中主气管内气体流动声音很小,只需一台空压机运行对储气罐补气;只有当储气罐内气体流失量严重且气压降低到空压机上限压力时才会采用两台空压机同时运行)。观察主控室上位机显示泥水仓压力、气垫仓气压值迅速升高,主司机立即急停空压机并采取降低气垫仓液位以减小泥水仓压力,但 SAMSON 保压系统在进气阀完全打开的情况下进气速度非常快,导致掌子面顶部泥水压力很快从 2.2bar 升至 7.1bar。由于当时盾构机掘进地层埋深较深(顶部埋深 30m),且处理及时,未造成地层击穿、地面隆起重大事故。

2)原因分析

(1)该泥水平衡盾构机设计的 SAMSON 保压系统全部为气控元件,其动力源是气体,另外加配有电气控制部分,可以与 PLC 连接实现自动控制,操作人员在主控室即可设置调节气垫仓气压值。经现场检查发现,气垫仓压力传感器接入 SAMSON 保压系统 PLC 中的模拟量输入模块烧毁,使 SAMSON 保压系统 PLC 对气垫仓压力失去判断,导致 SAMSON 保压系统进气阀完全打开,储气罐内气体全部进入气垫仓引起掌子面压力陡增。

（2）两套 SAMSON 系统反馈的气压信号均输入到同一个模块内（CB2 柜内的 50a0 模拟量输入模块），该柜体位于盾构机辅助泵站上方，采用全封闭方式，掘进时电气模块大部分处于输出工作状态产生大量的热，辅助泵站运行产生热量，加上中盾内通风不好，长时间掘进很容易导致电气模块烧毁。

3）问题处置

发生事故后，由电气工程师将 SAMSON 的气压反馈信号分别接入两个模拟量输入模块并调整 PLC 相关程序设定内容，确保当一个模块烧毁后可以切换使用另一路 SAMSON 系统保证气垫仓气压的可控，并保证当气垫仓气压值骤然波动时，不会让 SAMSON 进排气阀误动作。

4）经验总结

（1）SAMSON 保压系统设计时应考虑到各种突发情况，例如保压系统损毁、PLC 死机等情况下如何去观察气垫仓压力并对气垫仓加减压；针对电控式 SAMSON 保压系统，其 PLC 程序相关设定内容应设置安全防线，当数据缓慢变化可正常运行，当数据突变就立即断开，从而确保设备的安全。

（2）一般情况下盾构机电气系统在工厂调试完成后是不容易发生故障的，但施工现场潮湿高温，环境恶劣，使用人员素质较低，操作保养不当甚至用水去冲洗电气设备，不可避免会损坏电气系统，因此在进行电气系统设计时，应充分考虑到各种可能情况，对关系施工安全的系统必须配备两套系统，并尽量将其控制部分分开布置，避免因关键模块损坏导致两套系统都无法使用的情况出现。

（3）SAMSON 系统采用的是气体控制气动阀，保护好控制气路气管非常重要，一旦控制气路发生漏气也会导致气动阀误动作，危及掌子面安全，应按照厂家使用维保说明使用 SAMSON 系统，确保控制气路气体的洁净，并经常进行检查。

第6章 盾构机设备故障智能诊断技术及展望

盾构机作为一种典型的机电液一体化集成设备，系统结构多且复杂，加之所面临的施工工况环境恶劣，设备在使用过程中极易发生故障，且因各系统面广点多，传统的设备故障诊断方式较为困难且往往工效不佳。本章主要介绍盾构机设备故障的传统诊断与智能诊断技术发展现状，并对未来该领域发展趋势进行展望，以供业内人士借鉴参考。

6.1 盾构机传统故障诊断方式

6.1.1 人工经验

"冰冻三尺，非一日之寒"，所有设备较大故障的产生并不是瞬间的，在故障发生前总会有振动、温度、声音等信息的变化。定期或连续的状态监测工作（振动、声音、温度、压力、流量、电压、电流等参数），能够及时判断出设备存在的异常，避免较大事故发生。传统的盾构机设备系统故障诊断方式主要是依靠人工经验来判定，主要包括以下几种方式：

(1) 目测法

现场维保人员可以直观地观察盾构机各系统各个部位在工作期间的表面变化以及密封部位是否泄漏等判断各系统故障状态。

(2) 耳听法

一般运行正常的设备系统声响具有一定的音律和节奏，并保持持续的稳定。当电机正常运行时，声音会比较均匀、无杂声或各种特殊响声。如听到较大的"嗡嗡"声时，说明负载电流过大；若"嗡嗡"声特别大，则说明电动机处于缺相运行,如一相熔断器熔断或一相电源中断等。如听到摩擦声尖锐而短促,常常是两个接触面相对运动的研磨,可能是皮带打滑或轴承及传动副之间缺少润滑油等。留意液压泵和液压系统工作时的噪声是否过大,液压缸活塞是否有撞击缸底的声音,阀组内部是否有连续不断的泄漏声音等,若存在上述异常声音,则说明液压泵/马达/阀组内部可能存在配合面磨损、孔隙堵塞等异常现象。

(3)触摸法

通过用手触摸液压系统等相关元器件来感知振动、温度等异常情况,从此判定液压系统等故障情况。

(4)人工巡检和定期检修

建立常态化的人工巡检和定期检修制度,依靠人工频繁地检查和检修来发现问题,排除隐患。

6.1.2 仪器仪表监测法

借助仪器仪表(如数字量检测开关、模拟量检测传感器、振动仪、油水监测仪器、测温表、压力表、万用表、内窥镜等)逐个检测盾构机各系统压力、流量、温度、电流等参数的运行数值是否符合系统正常运行标准来判断故障。但是仪器仪表法检测的项目比较分散,难以系统地综合分析故障,只适用于分析比较单一的故障。

6.2 盾构机智能故障诊断技术

对于一般性故障,通过人工经验及简单的仪器仪表检测法就可以有效地进行诊断判定,但盾构机系统较多且相互之间存在联锁保护关系,对于一些深层次、隐蔽性、系统关联多的复杂性故障,采用传统的设备故障诊断方法来判定则较为困难,且往往工效不佳。随着设备新技术的不断应用,盾构机系统故障诊断技术的发展也趋向于不解体、高精度、智能化及网络化。

下面以盾构机液压系统为例,介绍盾构机智能故障诊断技术。该液压系统故障具有隐蔽性、交叉性等特点,并且由于盾构施工现场条件有限难以对液压系统进行系统监测,所以当发生故障时,快速诊断故障往往非常困难。调查显示:确定液压系统故障原因占液压系统故障总停工时间比达70%~90%。所以急需开发一种能够综合诊断且经济、实用、快速的智能诊断系统,在现场有限条件下快速准确地检测出液压系统故障的原因并进行排除。

6.2.1 智能故障诊断系统原理介绍

1）工作原理

该系统主要以知识处理为核心,利用电子信息及计算机技术进行故障诊断,通过布设不同种类的外置和内置微型传感器,在线实时测量盾构机液压系统各个测点的温度、压力以及流量等信号,反馈到工控机。然后由系统软件通过故障树分析法等算法,根据故障参数对比知识数据库确定液压系统的工作状态及故障情况,实现液压系统故障的快速检测与维修,其工作原理如图6-1所示。

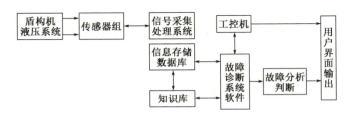

图6-1 故障智能诊断系统原理图(以盾构机液压系统为例)

2）基本组成

该系统由硬件和软件两大部分组成。

（1）硬件部分

硬件包括传感器、数据采集及处理设备、工控机等。其中,传感器是整个故障智能检测与诊断系统的重要环节,要求能够实时、准确地获得整个盾构机液压系统的主要动态参数(如:压力、流量、速度、振动、噪声、油液理化指标等),如图6-2所示。数据采集处理设备负责在故障诊断过程中随时扫描各个传感器数据输入端口,采集液压系统各个部分的工作参数,并将传感器所获取的初级信号进行隔离、滤波、放大等处理,转化为系统能够识别的电信号,输入数据库存储以供系统软件进行后续的故障分析和判断。工控机是一种高性能计算机,是承载系统软件进行数据处理和输出的平台。

（2）软件系统

软件系统主要由数据库、数据采集程序、故障检测和诊断主程序等组成,其中数据库是该系统的重要组成,主要功能有两个:

①作为知识库来存储液压系统故障的原理性知识、领域专家的经验性知识以及相关的特征等。

②作为信息存储库用来存储传感器采集到的原始数据,然后结合知识库运用数据挖掘技术进行对比判断故障的原因、位置等。

图 6-2　盾构机液压泵站与主驱动在线振动状态监测装置

数据采集程序通过传感器实时采集反映液压系统状态的参数(如液压油、液压泵、伺服阀以及执行机构工作时的温度、流量、速度和压力变化等数值),并将采集值处理后反馈故障诊断主程序。故障检测和诊断主程序根据故障数分析法和采集到的信息,基于规则、参数等算法对数据库进行挖掘,对液压系统故障进行推理分析,最终诊断出故障的原因、位置、并预测发展趋势。

3)技术应用

针对盾构液压系统故障多样性、突发性、复杂性、隐蔽性、交叉性等特点,液压系统故障智能诊断系统综合人工智能、参数测量等先进诊断策略构建,并借助计算机、电子信息、传感器和动态检测等先进成熟技术,通过信号采集与处理、专家数据库、数据挖掘以及合理的推理算法,可以正确地描述液压系统故障的真实状态,快速准确地诊断出液压系统的故障。相比于传统的故障检测诊断方式,可以大大提高盾构液压系统检测与维修的智能化水平和效率。

6.2.2　案例说明

盾构机的螺旋输送机后闸门经常出现关不严故障。其故障特征主要表现为:盾构主司机对螺旋输送机液压系统进行调试时后,闸门液压支路的压力上不去,后闸门液压缸无法到达指定位置。

1)人工初步检查

当故障发生时,应当首先由专业维保人员对照液压系统图检查故障大致位置,再向施工人员询问了解故障现象,采用目测法、耳听法、触摸法等检查方法对故障原因做一个大致的判断,然后依据经验来进一步分析判定产生故障的原因,查出故障点。在没有判断出故障点位置的情况下不能够盲目地对系统进行拆卸。

2)仪器仪表诊断

通过现场的初步诊断,如果仍然无法查明故障原因、排除故障,那么可以借助一些仪器来进行检测。以液压万用表为例(图6-3),该仪表最多可连接8个传感器、6通道模拟量信号输入(压力/温度传感器信号模拟量)和2通道频率信号输入(频率/流量/转速传感器信号输入)并储存所有测量值。经实测值与设计值对比分析,找出故障特征,然后根据因果关系、前后顺序等进行调整、更换等操作,寻找原因、排除故障。

图6-3 液压万用表工作原理图

3)故障智能诊断技术应用

盾构机的螺旋输送机液压系统具有较强的复杂性和非线性特点,其故障一般是深层次、多方面的。用人工经验和简单的仪器通常很难做到及时、全面、系统、快速地查明原因、排除故障。因此,可以用故障智能诊断系统来进行检测。

(1)通过传感器采集螺旋输送机液压系统在运行过程中的主要参数信息,并将这些信息转变为电信号,然后输入信号采集与处理设备。

(2)传感器采集的液压系统初始参数信号是瞬态、非平稳和突变的,因此需要经过信号采集与处理系统程序进行滤波、放大、提高信噪比等处理之后输入工控机及故障智能诊断系统软件。

（3）故障智能诊断系统软件调取传感器所提供的螺旋输送机液压系统故障参数与知识库中专家知识以及以往某故障参数进行对比，对故障进行初步分析判断。

（4）通过知识库数据挖掘并应用故障树分析法等算法，最终生成故障分析报告，指导故障排除。

6.3 展　　望

传统的盾构机设备故障诊断方法具有很强的经验性和盲目性等，目前已很难满足当前施工现场需求。随着设备新技术的迭代升级，传统的人工设备故障处理经验将逐步与传感技术、大数据、云计算、机器深度学习等四新技术进行有机结合，开发具备融合人工智能、参数测量等多种优秀诊断策略优点的智能型诊断系统已成为盾构机设备系统故障诊断技术的一大趋势。应用这种技术可以更为准确、科学、快速地判定盾构机关键系统的故障，减少盾构机施工因关键系统故障停机带来的经济损失，以下通过两个典型案例来说明。

6.3.1　案例1：无线传输及智能诊断系统

目前大直径盾构机常压刀盘上普遍配置有刀具智能诊断系统（图6-4），能够实时监测滚刀的转速、磨损量和温度三个运行参数，并以数据列表和图形方式展现给使用者（图6-5），方便现场高效、精准、及时发现问题刀具并停机更换，最大限度地降低了刀盘本体结构和刀具的异常损坏概率。

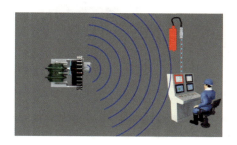

图6-4　刀具智能诊断系统

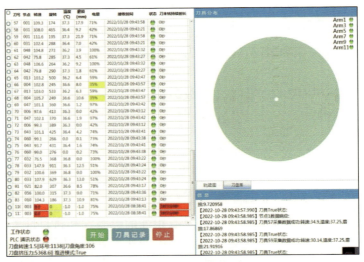

图6-5　盾构刀具智能诊断软件界面显示

6.3.2　案例2：主轴承智能诊断系统

盾构机主轴承智能诊断系统（图6-6），通过在主轴承装配结构和主轴承齿轮油回路安装设置振动传感器、接近开关、油液传感器（图6-7），能够实时监测主轴承振动状态（位移、速度、加速度）、轴向游隙、主轴承齿轮油含水率/金属颗粒度/温度等运行参数，并在监控软件界面上显示和报警（图6-8），显著提高了施工方对盾构机主轴承运行过程的监控效率，最大限度保证了核心部件的安全可靠性。

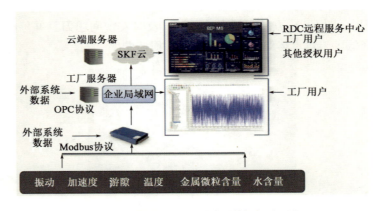

图6-6　盾构主轴承智能诊断系统框架原理图

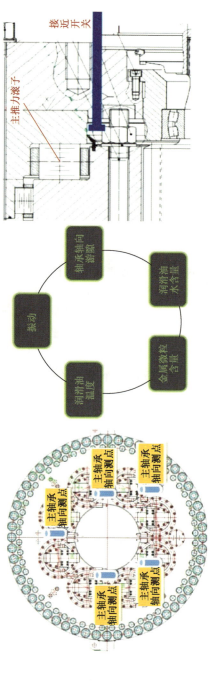

图6-7 盾构主轴承智能诊断传感器组

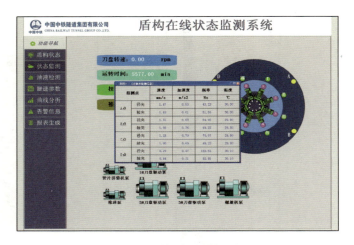

图6-8　盾构主轴承智能诊断软件界面

随着我国隧道建造与盾构设计制造等技术已达到世界先进水平,智能盾构的提出与研制对于我国占领技术制高点、引领下一代盾构发展意义重大。因此,基于本章节提出的故障智能诊断技术特征与系统架构,下一步还需要在关键核心技术方面(如:复杂工况条件下的传感技术、施工经验知识库平台搭建、核心算法)持续深入研究,选取典型的工程项目,验证盾构从传统人工经验控制到智能化运维的程度,不断促进智能盾构技术的发展与应用。

附录　盾构机设备常见故障诊断及排除方法

序号	系统	故障现象	可能原因		诊断及排除方法
1	刀盘系统	刀盘不转	电机故障		详见第4.2.2节常见元件故障诊断及处置
			转速传感器损坏		检查中心回转接头确认刀盘转动,而刀盘转速传感器无显示,确定传感器故障,详见第4.2节传感器故障诊断及排除方法
			电驱动:离合器无法加载（或变频器发生故障）		离合器或变频器报警,停掉报警电机,并委外专业检修
			液压驱动	系统漏油	检查泵、阀、管路、液压马达漏油情况,若有漏油情况,应立即排除
				泵问题	详见第4.2.2节常见元件故障诊断及处置
				加载阀损坏	详见第4.2.2节常见元件故障诊断及处置
				溢流阀损坏	详见第4.2.2节常见元件故障诊断及处置
				未开泵前单向阀损坏	在所有刀盘泵关闭的情况下,关闭未开泵的进口手动截止阀,并拆下此泵的出口油管,若连续有液压油冒出,可判断单向阀损坏,更换此单向阀
				换向阀损坏	详见第4.2.2节常见元件故障诊断及处置
				液压马达损坏	详见第4.2.2节常见元件故障诊断及处置
				管路上的手动截止阀误操作	对照图纸的常开、闭要求检查系统所有的手动截止阀
			外部负载过高		检查报警面板上的刀盘油压或扭矩是否过高,同时结合施工情况来判断是否外部负载过高,若是,则应采取相应的施工措施,保护设备
			拼装机提升未到底		将拼装机提升到顶,并且检查该位置的接近开关工作是否正常

续上表

序号	系统	故障现象	可能原因	诊断及排除方法
1	刀盘系统	刀盘不转	主轴承润滑系统不正常工作	详见第4.2.2节常见元件故障诊断及处置
			转向刚切换	刀盘旋转方向切换后等待一定时间再加载
			人行闸前门打开	检查人行闸前门的关闭情况,若完好,检查该门的限位情况
			唇口密封温度过高	检查水冷却系统工作情况,详见水冷却系统,若正常,则检查温度传感器的工作情况,详见第4.2节传感器的诊断和排除方法,同时检查刀盘的负载情况,若负载过高,参照刀盘外部负载过高。建议此故障报专业检修
			刀盘离合器温度过高	
			本体滚动过大	检查本体滚动角,并采取刀盘反转措施减小滚动角
		刀盘油压或扭矩高	外部负载高	检查报警面板上的刀盘油压或扭矩是否过高,同时结合施工情况来判断是否外部负载过高,若是,则应采取相应的施工措施,保护设备
			驱动电机或液压马达转动方向不一致	是否发生了更换液压马达或电机、重新接液压马达油管或电机电缆的情况,若发生,又有异常声音产生,则将该电机停止,建议报专业检修,液压驱动直接停机并报专业检修
			机械传动故障	运转时检查减速箱、主轴承、大小齿轮是否有异声或异常升温,若有,立即停机,报专业检修
			油压传感器故障	详见第4.2.2节常见元件故障诊断及处置
		刀盘速度无法切换	电驱动:变级或变频器故障	报专业检修
			液压驱动:增减的泵无流量输出	检查增减的泵,详见第4.2.2节常见元件故障诊断及处置
		刀盘正反转无法切换	电驱动	若刚进行了切换,则需等待一定时间后才可加载,检查换向开关和换向接触器的工作情况以及变频器(变频驱动)是否报警,同时报专业检修
			液压驱动	若刚进行了切换,则需等待一定时间后才可加载,检查换向开关、换向接触器、换向阀(见换向阀故障诊断及排除方法)的工作情况,同时报专业检修

续上表

序号	系统	故障现象	可能原因	诊断及排除方法
1	刀盘系统	刀盘转动有异声	机械传动故障	运转时检查减速箱、主轴承、大小齿轮是否有异声或异常升温,若有,立即停机,报专业检修
			驱动电机或液压马达转动方向不一致	是否发生了更换液压马达或电机、重新接液压马达油管或电机电缆的情况,若发生,又有异常声音产生,则将该电机停止,并报专业检修,液压驱动直接停机报专业检修
		刀盘转速不准确	转速传感器故障	详见第4.2.2节常见元件故障诊断及处置
			外部负载高	检查报警面板上的刀盘油压或扭矩是否过高,同时结合施工情况来判断是否外部负载过高,若是,则应采取相应的施工措施,保护设备
			液压驱动:泵流量未调节好或泵效率降低	详见第4.2.2节常见元件故障诊断及处置
			电驱动:离合器效率降低	报专业检修
2	仿形刀系统	仿形刀液压缸无法伸出或缩回	泵故障	详见第4.2.2节常见元件故障诊断及处置
			换向阀故障	详见第4.2.2节常见元件故障诊断及处置
			加载阀故障	详见第4.2.2节常见元件故障诊断及处置
			溢流阀故障	详见第4.2.2节常见元件故障诊断及处置
			系统漏油	检查整个系统的漏油情况,发现应立即排除
		仿形刀行程无法复位	行程传感器损坏	详见第4.2.2节常见元件故障诊断及处置
			复位按钮损坏	检查复位按钮(注意:除控制室外,还应定期将本体内的变送器复位)
		仿形刀自动伸出	液控单向阀故障	拆下单向阀前的管路,是否有油溢出,若是,更换液控单向阀(注意:建议定期手动回缩仿形刀)
			系统漏油	检查整个系统的漏油情况,发现应立即排除
		无法在指定位置伸缩	位置传感器故障	详见第4.2.2节常见元件故障诊断及处置

续上表

序号	系统	故障现象	可能原因	诊断及排除方法
3	推进系统	推进状态推进液压缸无法伸出	泵故障	详见第4.2.2节常见元件故障诊断及处置
			先导故障	对照液压原理图,排查潜在故障点
			系统漏油(含泵、管路、阀件、液压缸等)	检查整个系统的漏油情况,特别是液压缸的前后腔接头,发现应立即排除
			加载阀故障	详见第4.2.2节常见元件故障诊断及处置
			溢流阀故障	详见第4.2.2节常见元件故障诊断及处置
			区域减压阀故障	在区域比例卡输出上串万用表检查电流输出变化情况,若不正常,报专业检修,若正常,检查比例线圈输入电流情况,以确认电缆的情况,若输入正常,再检查比例线圈的阻值,以确认线圈的好坏,若正常,可初判减压阀故障,报专业检修
			换向阀故障	详见第4.2.2节常见元件故障诊断及处置
			安全阀故障	详见第4.2.2节常见元件故障诊断及处置
			换向阀故障	详见第4.2.2节常见元件故障诊断及处置
			单向阀故障	拆下单向阀后端管路,检查其出口是否连续出油,若是,更换单向阀
			泵无流量输出	在排除泵本身没有故障的情况下,在泵比例卡输出上串万用表检查电流输出变化情况,若不正常,报专业检修,若正常,检查比例线圈输入电流情况,以确认电缆的情况,若输入正常,再检查比例线圈的阻值,以确认线圈的好坏
			外界负载过高	检查推进油压是否过高,同时结合施工情况来判断是否外部负载过高,若是,则应采取相应的施工措施,保护设备
			刀盘未转	启动刀盘
			带式输送机未运转	启动带式输送机
			螺旋输送机反转	使螺旋输送机处于正转状态
			拼装机提升未到顶	将拼装机提升到顶,并且检查该位置的接近开关工作是否正常
			千斤顶未选择	选择千斤顶

续上表

序号	系统	故障现象	可能原因	诊断及排除方法
3	推进系统	拼装状态推进液压缸无法伸缩	泵故障	详见第4.2.2节常见元件故障诊断及处置
			先导故障	对照液压原理图,排查潜在故障点
			系统漏油(含泵、管路、阀件、液压缸等)	检查整个系统的漏油情况,特别是液压缸的前后腔接头,发现应立即排除
			加载阀故障	详见第4.2.2节常见元件故障诊断及处置
			区域减压阀故障	在区域比例卡输出上串万用表检查电流输出变化情况,若不正常,报专业检修,若正常,检查比例线圈输入电流情况,以确认电缆的情况,若输入正常,再检查比例线圈的阻值,以确认线圈的好坏,若输入不正常,可初判减压阀故障,报专业检修
			溢流阀故障	详见第4.2.2节常见元件故障诊断及处置
			换向阀故障	详见第4.2.2节常见元件故障诊断及处置
			安全阀故障	详见第4.2.2节常见元件故障诊断及处置
			换向阀故障	详见第4.2.2节常见元件故障诊断及处置
			泵无流量输出	在排除泵本身没有故障的情况下,在泵比例卡输出上串万用表检查电流输出变化情况,若不正常,报专业检修,若正常,检查比例线圈输入电流情况,以确认电缆的情况,若输入正常,再检查比例线圈的阻值,以确认线圈的好坏
			流量增加泵故障	详见第4.2.2节常见元件故障诊断及处置
			单向阀故障	拆下单向阀后端管路,检查其出口是否连续出油,若是,更换单向阀
		盾构后退	安全阀故障	详见第4.2.2节常见元件故障诊断及处置
			单向阀故障	拆下单向阀后端管路,检查其出口是否连续出油,若是,更换单向阀
			换向阀故障	详见第4.2.2节常见元件故障诊断及处置
			区域减压阀故障	在区域比例卡输出上串万用表检查电流输出变化情况,若不正常,报专业检修,若正常,检查比例线圈输入电流情况,以确认电缆的情况,若输入正常,再检查比例线圈的阻值,以确认线圈的好坏,若输入不正常,可初判减压阀故障,报专业检修
		未选推进液压缸联动	换向阀故障	详见第4.2.2节常见元件故障诊断及处置
			单向阀故障	拆下单向阀后端管路,检查其出口是否连续出油,若是,更换单向阀
			随动阀故障	见换向阀故障诊断及排除方法
			随动开关打开	关闭随动开关
		推进顶块状态异常	球铰接处缺油	补充油脂
			保险装置缺损	修复
		推进速度及行程显示不准确	传感器损坏	详见第4.2.2节常见元件故障诊断及处置

续上表

序号	系统	故障现象	可能原因	诊断及排除方法
4	螺旋输送机系统	螺旋输送机不出土	泵故障	详见第4.2.2节常见元件故障诊断及处置
			泵无流量输出	在排除泵本身没有故障的情况下,在泵比例卡输出上串联万用表检查电流输出变化情况。若电流输出不正常,报专业检修;若电流输出正常,检查比例线圈输入电流情况,以确认电缆的情况;若输入正常,再检查比例线圈的阻值,以确认线圈的好坏
			系统漏油(含泵、管路、阀件、液压马达等)	检查整个系统的漏油情况,发现应立即排除
			加载阀故障	详见第4.2.2节常见元件故障诊断及处置
			背压阀故障(三菱盾构)	检查背压是否处于正常范围,并检查压力继电器工作是否正常
			溢流阀故障	详见第4.2.2节常见元件故障诊断及处置
			换向阀故障	详见第4.2.2节常见元件故障诊断及处置
			刀盘不转	启动刀盘
			带式输送机未转	启动带式输送机
			自动模式土压过低	正常现象
			液压马达故障	见液压马达的故障诊断及排除方法
			减速箱故障	检查减速箱是否有异声或异常升温,若是,立即停机并报专业检修
			集中润滑故障	详见第4.4节集中润滑系统
			螺杆脱离(部分盾构)	若确认液压马达旋转,螺杆不转,报维修中心
			在自动模式下手动操作	正常现象
			闸门未开	开启闸门
			外界负载过高甚至有异物卡塞	检查螺旋输送机油压是否过高,同时结合施工情况来判断是否外部负载过高或有异物卡塞,若是,则应采取相应的施工措施,保护设备
		螺旋输送机反转	泵故障	详见第4.2.2节常见元件故障诊断及处置
			泵无流量输出	在排除泵本身没有故障的情况下,在泵比例卡输出上串万用表检查电流输出变化情况,若不正常,报专业检修,若正常,检查比例线圈输入电流情况,以确认电缆的情况,若输入正常,再检查比例线圈的阻值,以确认线圈的好坏
			系统漏油(含泵、管路、阀件、液压马达等)	检查整个系统的漏油情况,发现应立即排除

续上表

序号	系统	故障现象	可能原因	诊断及排除方法
4	螺旋输送机系统	螺旋输送机反转	加载阀故障	详见第4.2.2节常见元件故障诊断及处置
			背压阀故障	检查背压是否处于正常范围,并检查压力继电器工作是否正常
			溢流阀故障	详见第4.2.2节常见元件故障诊断及处置
			换向阀故障	详见第4.2.2节常见元件故障诊断及处置
			液压马达故障	详见第4.2.2节常见元件故障诊断及处置
			减速机故障	检查减速机是否有异声或异常升温,若是,立即停机并报专业检修
			螺杆脱离	若确认液压马达旋转,螺杆不转,报专业检修
			自动模式或联锁未解除	正常现象
		螺旋输送机扭矩过高	外界负载过高	检查螺旋输送机油压是否过高,同时结合施工情况来判断是否外部负载过高,若是,则应采取相应的施工措施,保护设备
			压力传感器故障	详见第4.2.2节常见元件故障诊断及处置
			出土口过小	扩大出土口
			机械传动故障	检查驱动部位是否有异声或异常升温,若是,立即停机并报专业检修
			闸门未开	开启闸门
			背压过高	检查背压是否处于正常范围,若偏高,调整溢流阀
		螺旋输送机转速与土压不匹配	土压平衡系统故障	报专业检修(参数设定不得随意更改)
			泵故障	详见第4.2.2节常见元件故障诊断及处置
			液压比例卡故障	在排除泵本身没有故障的情况下,在泵比例卡输出上串万用表检查电流输出变化情况,若不正常,报专业检修;若正常,检查比例线圈输入电流情况,以确认电缆的情况;若输入正常,再检查比例线圈的阻值,以确认线圈的好坏
			未设为螺旋输送机自动模式	设为自动模式
			土质问题	报值班土木工程师
			土压传感器故障	详见第4.2.2节常见元件故障诊断及处置

续上表

序号	系统	故障现象	可能原因	诊断及排除方法
4	螺旋输送机系统	螺旋输送机驱动有异声或过热	螺旋输送机液压马达故障	详见第4.2.2节常见元件故障诊断及处置
			机械传动故障	检查驱动部是否有异声或异常升温,若是,立即停机并报专业检修
			外界负载过大	检查螺旋输送机油压是否过高,同时结合施工情况来判断是否外部负载过高,若是,则应采取相应的施工措施,保护设备
			润滑不良	详见第4.4节集中润滑系统
5	螺旋输送机闸门系统	闸门液压缸无法伸缩	泵故障	详见第4.2.2节常见元件故障诊断及处置
			系统漏油(含泵、管路、阀件、液压缸等)	检查整个系统的漏油情况,发现应立即排除
			加载阀故障	详见第4.2.2节常见元件故障诊断及处置
			溢流阀故障	详见第4.2.2节常见元件故障诊断及处置
			换向阀故障	详见第4.2.2节常见元件故障诊断及处置
			闸门变形	检查闸门的变形情况,若变形严重,在确保安全的情况下拆下整形
			闸门锈蚀严重	除锈润滑
			闸门导轨内有异物卡塞	清理导轨
			润滑不良	加油脂润滑
		紧急关闭无法工作	蓄能器故障	检查蓄能器的工作情况
			蓄能器未能充压	检查充压系统及压力
			控制电源未切断(小松盾构)	切断控制电源
		闸门开度显示不准确	行程传感器损坏	详见第4.2.2节常见元件故障诊断及处置
			拉绳情况不良	清理拉绳,损坏的更换
		闸门液压缸动作不同步	流量调节阀未调整好	调整流量调节阀
			闸门外界受力不均	检查闸门的变形情况以及导轨情况

续上表

序号	系统	故障现象	可能原因	诊断及排除方法
6	拼装机系统	拼装机不转（含正、反）	泵故障	详见第4.2.2节常见元件故障诊断及处置
			系统漏油（含泵、管路、阀件、液压马达等）	检查整个系统的漏油情况,发现应立即排除
			加载阀故障	详见第4.2.2节常见元件故障诊断及处置
			平衡阀故障	调节平衡阀,若损坏,更换
			溢流阀故障	详见第4.2.2节常见元件故障诊断及处置
			换向阀故障	详见第4.2.2节常见元件故障诊断及处置
			液压马达故障	详见第4.2.2节常见元件故障诊断及处置
			减速箱故障	检查减速机是否有异声或异常升温,若是,立即停机并报专业检修
			刹车故障	先检查刹车释放液压回路的压力是否达到,若未达到,检查液压系统的工作情况;若达到,拆检刹车
			遥控器故障	先检查遥控器是否打开,电池是否有电,再检查接收器的工作状态及天线情况
			按钮故障	更换按钮
			回转支承故障	报专业检修
			2个液压马达转向反	刚更换过液压马达或重新接管路后,检查液压马达的转向
			已到回转限位	反向旋转
			机械传动故障	检查驱动部是否有异声或异常升温,若是,立即停机并报专业检修
			走道未到位	将走道移到位,并检查接近开关
			平移未到位	将平移移到位,并检查接近开关
		拼装机回转过限位	回转限位故障	检查限位,损坏更换。正常使用不允许冲限位
		拼装机高低转速切换异常	切换阀故障	详见第4.2.2节常见元件故障诊断及处置
			流量调节阀故障	调节流量,若无变化,更换
			比例调节故障	在泵比例卡输出上串万用表检查电流输出变化情况,若不正常,报专业检修,若正常,检查比例线圈输入电流情况,以确认电缆的情况,若输入正常,再检查比例线圈的阻值,以确认线圈的好坏

续上表

序号	系统	故障现象	可能原因	诊断及排除方法
6	拼装机系统	拼装机转动异常	平衡阀故障	调节平衡阀,若损坏,更换
			机械传动故障	检查驱动部是否有异声或异常升温,若是,立即停机并报专业检修
			刹车故障	先检查刹车释放液压回路的压力是否达到,若未达到,检查液压系统的工作情况;若达到,拆检刹车
			回转支承故障	报专业检修
			回转支承润滑不良	加注润滑油脂
		拼装机转动停止异常	刹车故障(含液压回路减压阀、换向阀、梭阀等)	先检查刹车释放液压回路的压力是否达到,若未达到,检查液压系统的工作情况;若达到,拆检刹车
			液压马达底座问题	检查底座螺栓的紧固情况,若松动,紧固并采取防松措施
			回转支承故障	报专业检修
		拼装机提升液压缸无法伸缩	拼装机泵故障	详见第4.2.2节常见元件故障诊断及处置
			系统漏油(含泵、管路、阀件、液压缸等)	检查整个系统的漏油情况,发现应立即排除
			加载阀故障	详见第4.2.2节常见元件故障诊断及处置
			平衡阀故障	调节平衡阀,若损坏,更换
			溢流阀故障	详见第4.2.2节常见元件故障诊断及处置
			换向阀故障	详见第4.2.2节常见元件故障诊断及处置
			拼装机油箱故障	检查油箱压力情况,若超出压力范围,则检查油是否够以及蓄能器的工作情况
			操作按扭故障	更换损坏的按钮
			卷筒或电缆损坏	检查卷筒和电缆的工作情况
		拼装机平移液压缸无法伸缩	拼装机泵故障	详见第4.2.2节常见元件故障诊断及处置
			系统漏油(含泵、管路、阀件、液压缸等)	检查整个系统的漏油情况,发现应立即排除
			加载阀故障	详见第4.2.2节常见元件故障诊断及处置
			溢流阀故障	详见第4.2.2节常见元件故障诊断及处置

附录　盾构机设备常见故障诊断及排除方法

续上表

序号	系统	故障现象	可能原因	诊断及排除方法
6	拼装机系统	拼装机平移液压缸无法伸缩	换向阀故障	详见第4.2.2节常见元件故障诊断及处置
			拼装机油箱故障	检查油箱压力情况,若超出压力范围,则检查油是否够以及蓄能器的工作情况
			操作按扭故障	更换损坏的按钮
			卷筒或电缆损坏	检查卷筒和电缆的工作情况
		拼装机小脚液压缸无法伸缩	拼装机泵故障	详见第4.2.2节常见元件故障诊断及处置
			系统漏油(含泵、管路、阀件、液压缸等)	检查整个系统的漏油情况,发现应立即排除
			加载阀故障	详见第4.2.2节常见元件故障诊断及处置
			溢流阀故障	详见第4.2.2节常见元件故障诊断及处置
			换向阀故障	详见第4.2.2节常见元件故障诊断及处置
			拼装机油箱故障	检查油箱压力情况,若超出压力范围,则检查油是否够以及蓄能器的工作情况
			操作按扭故障	更换损坏的按钮
			卷筒或电缆损坏	检查卷筒和电缆的工作情况
		小脚无法自锁	液控单向阀故障	拆下单向阀前的管路,是否有油溢出,若是,更换液控单向阀
		小脚无法摆动	溢流阀故障	详见第4.2.2节常见元件故障诊断及处置
		拼装机提升高低速切换异常	切换阀故障	详见第4.2.2节常见元件故障诊断及处置
			流量调节阀故障	调节流量,若无变化,更换
		拼装机遥控失灵	遥控器电池无电	更换电池
			遥控器未开	打开开关
			遥控器损坏	检查按钮是否损坏,损坏的更换,遥控器损坏报专业检修
			接收器故障	检查熔断器、天线及其插头的状况
		拼装机提升、平移时有异声	导柱导套变形	检查变形情况,若有,报专业检修
			导柱导套缺油	加注油脂
		拼装机油箱压力、温度异常	拼装机油箱油过多或过少	放油或加油
			蓄能器故障	检查蓄能器的工作情况,若损坏,更换
			油温过高	检查泵的工作情况,放低工作强度

续上表

序号	系统	故障现象	可能原因	诊断及排除方法
7	同步注浆系统	同步注浆泵无动作	泵故障	详见第4.2.2节常见元件故障诊断及处置
			液压系统漏油(含泵、管路、阀件、液压缸等)	检查整个系统的漏油情况,发现应立即排除
			加载阀故障	详见第4.2.2节常见元件故障诊断及处置
			溢流阀故障	详见第4.2.2节常见元件故障诊断及处置
			机械换向阀故障	外部检查机械换向的动作,若有,拆检该换向阀
			流量调节阀故障	调节流量,若无变化,更换
			液压缸与浆液堵塞脱离	检查是否脱离,若是,再检查螺纹是否损坏,未损坏重新连接,损坏则更换中间部分,最后采取防松措施
			主气阀开启限位未到	详见第4.4节气阀故障诊断及排除方法
			浆液液位过低	补充浆液
			管路堵塞	检查液压压力是否过高,若过高(溢流),则可能管路堵塞,疏通管路
			清洗气阀未关	关闭清洗气阀,同时检查气阀关闭限位的工作情况
			所选分路气阀未开	打开气阀,同时检查气阀开启限位的工作情况
		总管无浆液泵出	浆液泵未工作	详见第4.4.9节浆液泵无动作
			浆液柱塞损坏	拆检柱塞,损坏的更换
			浆桶内无浆液	补充浆液
			浆液无法吸入泵	进浆管是否损坏,若损坏立即更换,浆液是否过稠或结硬,与项目土木工程师沟通解决
			总气阀未开	打开气阀,同时检查气阀开启限位的工作情况
			泵单向阀损坏	拆检单向阀,若损坏,更换
			管路堵塞	检查液压压力是否过高,若过高(溢流),则可能管路堵塞,疏通管路
		分管无浆液泵出	总管无浆液泵出	检查总管
			分路气阀未开	打开气阀,同时检查气阀开启限位的工作情况
			清洗切换液压缸未完全打开	检查液压缸是否完全打开,同时检查开启限位的工作情况

续上表

序号	系统	故障现象	可能原因	诊断及排除方法
7	同步注浆系统	同步注浆油箱温度过高或液位过低	冷却系统故障	检查冷却系统液压部分以及水冷却系统
			缺油	补充液压油
		同步注浆泵速度过快或过慢	液压泵流量降低	检查泵的声音和温度,若异常,更换
			流量调节阀未调整好或损坏	调节流量,若无变化,更换
			注浆压力过高	检查管路是否堵塞以及外界负载是否过高
		浆液压力过低	柱塞故障	拆检柱塞,损坏的更换
			柱塞筒故障	拆检柱塞筒,损坏的更换
			泵单向阀损坏	拆检单向阀,若损坏,更换
			压力传感器损坏	详见第4.2.2节常见元件故障诊断及处置
		浆液压力过高	气阀未开启	打开气阀,同时检查气阀开启限位的工作情况
			外界负载过高	与施工单位土木工程师沟通解决
			管路堵	疏通管路
			浆液过稠	与施工单位土木工程师沟通解决
		浆筒搅拌无法工作	浆桶内有异物卡塞	检查清理浆筒
			浆液结硬	检查清理浆筒
			搅拌轴支承故障	检查轴承是否有异声或异常升温,若是,立即停机并报专业检修
			电驱 搅拌电机	详见第4.2.2节常见元件故障诊断及处置
			电驱 减速箱	检查减速箱是否有异声或异常升温,若是,立即停机并报专业检修
			电驱 联轴器损坏	拆检,损坏的更换
			液压驱动 泵故障	详见第4.2.2节常见元件故障诊断及处置
			液压驱动 阀故障	详见第4.2.2节常见元件故障诊断及处置
			液压驱动 系统漏油	检查整个系统的漏油情况,发现应立即排除
			液压驱动 液压马达故障	详见第4.2.2节常见元件故障诊断及处置
		浆液液位、压力、流量显示不准确	液位传感器故障	详见第4.2.2节常见元件故障诊断及处置

续上表

序号	系统	故障现象	可能原因	诊断及排除方法
7	同步注浆系统	气阀无动作	空压机未运转	先检查空压机电源是否打开,电机是否运转,若电机不运转,见电机故障诊断及排除方法,然后检查压力继电器工作是否正常,若空压机本身故障,报专业检修
			空气压力不足	检查系统是否漏气,各阀门是否处于正常位置;空压机工作是否正常;若不正常,报专业检修;若与其他系统共用气源,则检查其他系统气动系统的工作情况
			分配器故障	检查线圈是否得电,线圈是否完好,分配器是否动作,若损坏,更换
			气缸故障	报专业检修
			气阀故障	阀是否有动作,若无动作,拆检视其有无异物卡,密封是否损坏
			限位故障	检查限位位置是否移动,限位工作是否正常,电缆有无损坏
		清洗系统无动作	清洗水泵未运转	检查电机是否运转,若否,详见第4.2.2节常见元件故障诊断及处置,联轴器是否损坏
			清洗水泵故障	检查水泵是否漏水、是否有异声
			水箱内水位过低	补充水
			水管阀门未开启	检查系统的阀门是否处于正确位置
			注浆总阀未关	关闭气阀
			清洗总阀未开	开启气阀
			所选分路气阀未开	开启气阀
			所选分路清洗切换液压缸未关	伸出液压缸
		清洗液压缸无动作	泵故障	详见第4.2.2节常见元件故障诊断及处置
			系统漏油(含泵、管路、阀件、液压缸等)	检查整个系统的漏油情况,发现应立即排除
			加载阀故障	详见第4.2.2节常见元件故障诊断及处置
			溢流阀故障	详见第4.2.2节常见元件故障诊断及处置
			换向阀故障	详见第4.2.2节常见元件故障诊断及处置
			限位故障	检查限位位置是否移动,限位工作是否正常,电缆有无损坏

续上表

序号	系统	故障现象	可能原因	诊断及排除方法
7	同步注浆系统	清洗水无回流	切换液压缸未到位	见清洗液压缸无动作故障的诊断及排除方法,同时检查限位的工作情况,若均无问题,可能清洗密封活塞环损坏,报专业检修
			清洗气阀未开启	开启气阀
			管路堵塞	疏通管路
		浆液进入清洗水箱	切换液压缸未到位	见清洗液压缸无动作故障的诊断及排除方法,同时检查限位的工作情况,若均无问题,可能清洗密封活塞环损坏,报专业检修
			回水管接入水箱	禁止将回水管接入水箱
			注浆时清洗气阀未关闭	注浆时关闭清洗气阀,同时检查限位的工作情况
8	先导系统	无法建立先导压力	泵故障	详见第4.2.2节常见元件故障诊断及处置
			系统漏油	检查整个系统的漏油情况,发现应立即排除
			加载阀故障	详见第4.2.2节常见元件故障诊断及处置
			溢流阀故障	详见第4.2.2节常见元件故障诊断及处置
9	加泥注水系统	加泥注水系统无动作	泵未运转	若电机不运转,见电机故障诊断及排除方法,再检查联轴器和减速箱的工作情况
			泵故障	在泵运转的情况下,无水泵出,或泵严重漏水,报维修中心
			液位过低	补充冷却水
			管路阀门未开启	检查系统的各类截止阀是否处于正常状态
		泥水量不足或压力过低	泵效率降低	调整挤压管的压密量,若还无法达到要求,更换挤压管
			系统漏水	检查系统的漏水情况,并立即排除
		泥水流量无法调节	变频器故障	报专业检修
		泥水压力过高	管路阀门关闭	检查系统的各类截止阀是否处于正常状态
			外界负载过高	与施工单位沟通解决,使设备处于额定工况下工作
			管路堵	疏通管路
		泥水箱搅拌无法工作	搅拌电机故障	详见第4.2.2节常见元件故障诊断及处置
			减速机或联轴器故障	检查联轴器和减速箱的工作情况
			泥水箱内有异物卡塞	清理泥水箱
		泥水液位、流量、压力显示不准确	液位传感器故障	详见第4.2.2节常见元件故障诊断及处置

续上表

序号	系统	故障现象	可能原因	诊断及排除方法
10	盾尾油脂系统	盾尾油脂泵气缸无动作	空压机未运转	先检查空压机电源是否打开,电机是否运转,若电机不运转,见电机故障诊断及排除方法,然后检查压力继电器工作是否正常,若空压机本身故障,报专业检修
			气压不足	检查系统是否漏气,各阀门是否处于正常位置;空压机工作是否正常;若不正常,报专业检修;若与其他系统共用气源,则检查其他系统气动系统的工作情况
			减压阀故障	调整减压阀,若气压无变化,拆检并视情况更换
			气缸故障	检查气缸是否漏气或卡死,若是,检修更换,若否,检查换向阀及其限位的工作情况,并视情况更换
			气缸与油脂柱塞脱离	检查并修复
			外界负载过高或管路堵	疏通管路,外界负载高与施工单位沟通解决
			油脂低位	更换新油脂筒
		升降无动作	气压不足	检查系统是否漏气,各阀门是否处于正常位置;空压机工作是否正常;若不正常,报专业检修;若与其他系统共用气源,则检查其他系统气动系统的工作情况
			气缸故障	检查气缸是否漏气或卡死,若是,检修更换
			阀故障	拆检并视情况更换
			油脂筒变形	更换油脂筒
		压盘漏油	压盘密封损坏	更换密封
			油脂筒变形	更换油脂筒
		压力显示不准确	传感器故障	详见第4.2.2节常见元件故障诊断及处置
		盾尾油脂总管无油脂注出	泵故障	先检查气动部分有无动作,若无,见气缸无动作检修方法,若有,则拆检油脂部分,并视情况更换损坏的零部件
			油脂低位	更换新油脂筒
		盾尾油脂分管无油脂注出	分路电动球阀关闭	打开分路电动球阀
			分路电动球阀限位故障	检查限位是否处于正常的工作状态

续上表

序号	系统	故障现象	可能原因	诊断及排除方法
11	集中润滑系统	集中润滑泵无法工作	电机故障	详见第4.2.2节常见元件故障诊断及处置
			油脂液位低	更换新油脂筒
			泵故障	报专业检修
			泵内进空气	排除空气后继续使用
			油脂内有异物卡塞	清除异物
		集中润滑分配器阻塞	注脂点堵	检查该注脂点的分配器出脂情况以及管路末端的出脂情况,以确定堵的位置并加以疏通
			分配器堵塞	拆检清理分配器
		集中润滑内、外道异常报警	油脂压力过高	结合施工情况计算集中润滑油脂设定的最高压力是否合理,若否,调整压力设定值,若是,则检查注脂点是否堵塞
			油脂压力过低	检查分配器是否循环报警,若是,检查各注脂点的情况,并排除,若否,检查系统是否漏油脂,泵工作是否正常
12	主轴承润滑系统	主轴承润滑泵无法工作	电机故障	详见第4.2.2节常见元件故障诊断及处置
			泵故障	报专业检修
			联轴器损坏	更换
		主轴承润滑滤器堵塞	润滑油污染	更换滤心,并对润滑油进行化验,若指标严重超标,则报专业检修更换润滑油
		主轴承润滑油压力过高	管路堵塞	疏通管路
		温度过高	负载过大	与施工单位沟通解决
			油位过低	补充润滑油,同时分析油位过低的原因
		主轴承润滑油液位过低	缺润滑油	补充润滑油,同时分析油位过低的原因
		小齿轮减速箱有润滑油渗出	密封损坏或规格不对	报专业检修

续上表

序号	系统	故障现象	可能原因	诊断及排除方法
13	带式输送机系统	带式输送机无法工作	驱动电机故障	详见第4.2.2节常见元件故障诊断及处置
			拉绳开关未复位	检查并进行复位
		带式输送机主、被动辊转动时有异声或过热	轴承缺油或损坏	检查,并视情况进行润滑或更换
			主动辊内缺油	加注润滑油
		皮带跑偏	主、被动辊未调整好	调整
		带式输送机紧急停止失灵	紧急停止装置故障	检查该装置,必要时报专业检修
		刮泥效果不好	刮泥板未调整好	调整刮泥板位置
14	单双梁系统	行走机构无法工作	电机故障	详见第4.2.2节常见元件故障诊断及处置
			机械传动故障	检查链条链轮是否卡或脱落,各传动元器件是否损坏,减速箱是否损坏
			制动器故障	报专业检修
			已到限位	反向运行
			按钮故障	更换按钮
			拖令线损坏	检查拖令线是否损坏
			已按紧停按钮	按钮复位
		行走机构工作时有异声或过热	机械传动故障	检查驱动部位是否有异声或异常升温,若是,立即停机并报专业检修
			制动器未调整好	报专业检修
			负载过高	检查所运物品是否超过额定质量(禁止超额),行走梁角度是否超标,所运物品是否未被吊起
			梁关节处链条状态不好	重新定位
			链轮链条未调整好	调整啮合间隙
			润滑不良	进行润滑
		行走机构停止时不能立即刹住	制动器故障	报专业检修
			机械传动故障	检查链条链轮是否脱落、各传动元器件是否损坏,减速机是否损坏,若是,维修或更换

续上表

序号	系统	故障现象	可能原因	诊断及排除方法
14	单双梁系统	行走电气限位失灵	电气限位故障	检查电气限位,发现问题立即修复
		葫芦无法工作	电机故障	详见第4.2.2节常见元件故障诊断及处置
			机械传动故障	检查链条链轮是否卡、各传动元器件是否损坏、减速机是否损坏,若是,维修或更换
			制动器故障	检查制动器线圈是否损坏、制动片是否磨损、弹簧是否损坏,损坏的更换,若是,更换
			已到限位	反向运行
			按钮故障	更换按钮
			拖令线损坏	检查拖令线是否损坏,若是,更换
			已按紧停按钮	按钮复位
		葫芦工作时有异声或过热	机械传动故障	检查驱动部是否有异声或异常升温,若是,立即停机并报专业检修
			制动器未调整好	重新调整
			负载过高	检查所吊物品是否超过额定质量(禁止超额),是否斜吊(禁止斜吊)
			链条、导链器磨损	更换
			润滑不良	进行润滑
		管片提升后自行下落	制动器故障	检查制动线圈是否损坏、制动片是否磨损、弹簧是否损坏,损坏的更换,并对制动器进行重新调整
		葫芦上限位失灵	上限位故障	检查限位是否损坏,若损坏立即更换
		遥控器无法工作	遥控器电池无电	更换电池
			遥控器未开	打开开关
			遥控器损坏	检查按钮是否损坏,损坏的更换,遥控器损坏报专业检修
			接收器故障	检查保险丝、天线及其插头的状况

续上表

序号	系统	故障现象	可能原因	诊断及排除方法
15	铰接系统	铰接液压缸无法伸缩	泵故障	详见第4.2.2节常见元件故障诊断及处置
			系统漏油(含泵、管路、阀件、液压缸等)	检查整个系统的漏油情况,发现应立即排除
			加载阀故障	详见第4.2.2节常见元件故障诊断及处置
			溢流阀故障	详见第4.2.2节常见元件故障诊断及处置
			换向阀故障	详见第4.2.2节常见元件故障诊断及处置
		铰接液压缸无法自锁	液控单向阀故障	拆下单向阀前的管路,是否有油溢出,若是,更换液控单向阀
			液压缸、管路漏油	检查整个系统的漏油情况,发现应立即排除
		铰接角度显示不准确	行程传感器故障	详见第4.2.2节常见元件故障诊断及处置
16	液压油箱	循环泵不工作	泵故障	详见第4.2.2节常见元件故障诊断及处置
			油位过低	补充液压油
		循环或回油滤心堵塞	液压油污染	更换滤心,对系统进行循环投油,必要时可以使用精度更高的循环滤心进行投油,提高投油效率
		循环压力过高	管路堵塞	检查管路
			油温过低	油温过低时,将泵开启后不宜立即加载,应等油温正常后再行工作,必要时采取加热措施
			滤心堵	更换滤心
		油位过低	冷却器堵	拆下冷却器,进行清洗,装复前应进行磅压
		油温过高	缺油	补充液压油
			冷却系统故障	详见第4.4.1节冷却系统故障诊断及排除方法
			系统长时间高负载	放慢速度或适当停机
17	水冷却系统	冷却水泵不工作	电机故障	详见第4.2.2节常见元件故障诊断及处置
			泵故障	检查水泵是否漏水、是否有异声
			联轴器故障	更换
		冷却水位显示不准确	液位传感器故障	详见第4.2.2节常见元件故障诊断及处置
		冷却水流量过低	泵效率低	检查水泵是否漏水、是否有异声
			系统漏水	检查整个系统是否漏水,若有立即解决
			管路堵塞	检查管路并疏通

续上表

序号	系统	故障现象	可能原因	诊断及排除方法
17	水冷却系统	冷却水压力过高	管路堵塞	检查管路并疏通
			冷却器堵	拆下冷却器,进行清洗,装复前应进行磅压
		冷却水温过高	液压油温度过高	详见第4.4.1节液压油箱油温过高故障诊断及排除方法
			冷却水位过低	补充冷却水
18	牵引液压缸系统	牵引液压缸无法动作	泵故障	详见第4.2.2节常见元件故障诊断及处置
			系统漏油(含泵、管路、阀件、液压缸等)	检查整个系统的漏油情况,发现应立即排除
			加载阀故障	详见第4.2.2节常见元件故障诊断及处置
			溢流阀故障	详见第4.2.2节常见元件故障诊断及处置
			换向阀故障	详见第4.2.2节常见元件故障诊断及处置
		牵引液压缸无法自锁	液控单向阀故障	拆下单向阀前的管路,是否有油溢出,若是,更换液控单向阀
			系统漏油	检查整个系统的漏油情况,发现应立即排除
19	喂片机系统	喂片机平移无法动作	泵故障	详见第4.2.2节常见元件故障诊断及处置
			系统漏油(含泵、管路、阀件、液压缸等)	检查整个系统的漏油情况,发现应立即排除
			加载阀故障	详见第4.2.2节常见元件故障诊断及处置
			溢流阀故障	详见第4.2.2节常见元件故障诊断及处置
			换向阀故障	详见第4.2.2节常见元件故障诊断及处置
		喂片机旋转部分或全部无法工作	泵故障	详见第4.2.2节常见元件故障诊断及处置
			系统漏油(含泵、管路、阀件、液压马达等)	检查整个系统的漏油情况,发现应立即排除
			加载阀故障	详见第4.2.2节常见元件故障诊断及处置
			溢流阀故障	详见第4.2.2节常见元件故障诊断及处置
			换向阀故障	详见第4.2.2节常见元件故障诊断及处置
			机械传动故障	检查链轮链条的啮合情况以及轮子的磨损情况
			油马达故障	详见第4.2.2节常见元件故障诊断及处置
			正反转同时按	单按正或反转
			按钮故障	更换
		喂片机旋转不同步	分配阀未调整好	重新调整分配阀

续上表

序号	系统	故障现象	可能原因	诊断及排除方法
20	数据采集系统	有报警或无法正常工作		报专业检修
21	陀螺仪系统	数据紊乱	电脑死机	重新启动
			电缆接触不良	检查电缆
		其他故障		报专业检修
22	高压系统	高压跳闸	过载	报专业检修
			变压器温度高	报专业检修
			门限位故障	检查门限位是否处于正常工作状态,门是否关好
			变压器油温度高或油位低	报专业检修
		其他故障		报专业检修
23	控制系统	PLC通信异常	电缆、接插件故障	检查电缆、接插件情况
			其他故障及可能原因	报专业检修

参考文献
References

[1] 蒙先君,李大伟,刘瑞庆,等.全断面隧道掘进机操作技术及应用[M].北京:人民交通出版社股份有限公司,2020.

[2] 蒙先君,刘瑞庆,陈义得,等.全断面隧道掘进机再制造技术及应用[M].北京:人民交通出版社股份有限公司,2021.

[3] 蒙先君,刘瑞庆,吴朝来,等.盾构机液压技术及故障诊断[M].北京:人民交通出版社股份有限公司,2024.

[4] 孙骋,陈义得.复杂地质条件下刀盘变形原因及处理技术[J].隧道建设,2014(08):311-315.

[5] 缪楠.复杂地层盾构刀盘磨损处理技术[J].建筑机械化,2015(05):53-56.

[6] 刘雪源.盾构主轴承典型失效案例分析[J].建筑机械化,2022(03):73-75.

[7] 张佳兴,等.盾构主轴承内齿圈工作表面损伤缺陷分析[J].轴承,2020(04):35-37.

[8] 缪楠.土压平衡盾构主驱动密封滑道磨损处理[J].隧道建设,2023(11):977-981.

[9] 孙海波.工厂内盾构机主轴承的拆解检测及密封系统静态建压测试[J].隧道建设,2023(10):890-895.

[10] 王纯亮.高埋深土压平衡盾构主驱动密封改造关键技术[J].建筑机械化,2021(05):41-44.

[11] 宋杰.盾构主轴承齿轮油泄露故障诊断与处理[J].建筑机械化,2016(03):70-72.

[12] 常孔磊,赵新合,李大伟.盾构主驱动减速机失效原因分析[J].隧道建设,2014(02):173-177.

[13] 刘金祥,陈馈,等.盾构主驱动减速机国产化开发研究[J].隧道建设,2014(08):790-796.

[14] 寇晓林.泥水盾构保险轴断裂原因浅析[J].建筑机械化,2009(04):

58-60.

[15] 赵旭.盾构铰接密封故障处理及预防措施探析[J].建筑机械化,2020(02):31-34.

[16] 李陶朦.土压平衡盾构盾尾渗漏原因及处理措施[J].建筑机械化,2014(04):75-76.

[17] 赵康峰,等.盾构施工空压机典型故障分析[J].建筑机械化,2022(02):83-85.

[18] 李大伟,赵新合.某盾构主轴承油脂消耗分析与控制[J].隧道建设,2014(01):83-87.

[19] 刘雪源.盾构分体始发液压系统故障分析[J].建筑机械化,2021(09):16-17.

[20] 吴朝来.盾构刀盘驱动液压系统研究及故障诊断[J].建筑机械化,2023(01):25-28.

[21] 刘焱焱.盾构螺旋输送机液压系统简介及故障诊断[J].建筑机械化,2023(07):99-102.

[22] 刘焱焱.土压平衡盾构推进系统及故障排查[J].建筑机械化,2021(01):22-25.

[23] 王营建.液压驱动盾构主驱动泵故障分析与处理[J].建筑机械化,2015(01):74-75.

[24] 张萌.盾构螺旋输送机断轴故障原因分析探讨[J].建筑机械化,2020(10):46-49.

[25] 张中英,丁梦俊,韩文鹏.泥水盾构卡泵的影响及针对性措施[J].建筑机械化,2017(08):50-51.

[26] 王宁,任勇.由一次事故谈泥水加压平衡盾构机保压系统电气PLC设计的安全性[J].科技创新与应用,2012(03):32-33.

[27] 高文中,冯欢欢.盾构液压系统故障的现场检测与诊断探究[J].液压气动与密封,2013(12):78-81.

[28] 中华人民共和国质量监督检验检疫总局,中国国家标准化管理委员会.全断面隧道掘进机 术语和商业规格:GB/T 34354—2017[S].北京:中国标准出版社,2017.

[29] 中华人民共和国质量监督检验检疫总局,中国国家标准化管理委员会.全断面隧道掘进机 土压平衡盾构机:GB/T 34651—2017[S].北京:中国标准出版社,2017.

[30] 国家市场监督管理总局,中国国家标准化管理委员会.全断面隧道掘进机 泥水平衡盾构机:GB/T 35019—2018[S].北京:中国标准出版社,2018.

[31] 国家市场监督管理总局,中国国家标准化管理委员会.全断面隧道掘进机 土压平衡-泥水平衡双模式掘进机:GB/T 41053—2021[S].北京:中国标准出版社,2021.

[32] 国家市场监督管理总局,中国国家标准化管理委员会.全断面隧道掘进机 单护盾-土压平衡双模式掘进机:GB/T 35020—2018[S].北京:中国标准出版社,2018.